KB175079

낙
록
자
부
주

珞
璉
子
賦
註

문종란 편역

낙록자부주

珞琭子賦註

이담 Books

역자 서문

　　『珞琭子賦註』는 『欽定四庫全書』 子部 七편의 命書 相書에 속한 術數類에 『珞琭子賦註』二卷으로 소개되었다. 이는 『사고전서』 분류 항목인 經·史·子·集 중에서 諸子百家部의 일곱 번째 술수류 편에 속해 있는 『낙록자부주』上·下 두 권을 말한다.

　　古代 隱士로 알려진 낙록자가 지은 「珞琭子賦」에 王廷光과 李仝과 釋曇塋 등 三人이 註를 하였고, 이를 바탕으로 宋의 석담영이 『낙록자부주』라 하여 命理書로 만들었다. 上卷 20章과 下卷의 75章으로 구성되었다.

　　『낙록자부주』는 唐·宋代, 生年爲主의 三元인 祿·命·身으로 四柱를 看命한 명리서이다. 納音 身과 天干 祿과 地支 命을 기준하여 五行의 旺相과 休囚로 吉凶 판단하는 命理 看法과, 다양하고 많은 神煞을 소개하고 있다. 그리고 大運 數의 계산방법에 대한 상세한 내용은 分野藏干의 연구에 관한 이론적 근거가 될 수 있다고 본다.

　　『낙록자부주』에 소개된 <本主論>, <五虎論>, <五子元遁法>, <祿馬同鄕>, <運限> 등의 내용은 昨수 명리이론의 근간이 되는 이론

들로써, 변형되지 않은 사주학 초기의 내용들이다. 이것은 譯者의 박사논문 주제들과도 일치한다.

최근 들어 明·淸代 이후의 많은 번역서가 소개되고 있다. 이는 명리를 연구하는 後學들에게는 매우 고무적인 일이다. 하지만 이들 대부분은 子平學의 生日爲主 명리서들이고, 자평학의 根幹이 되는 록명신 삼원을 연구하는 데 필요한 번역서는 거의 없다고 볼 수 있다. 명리학의 보다 학문적인 발전을 위해 폭넓고 깊은 명리 고전서의 번역이 많이 이루어져야 한다고 생각한다.

本『낙록자부주』번역서는 원전 강독으로 인연을 맺게 된 한국고전번역원의 朴殷嬉 선생님의 도움을 받아 출판하게 되었다.

『낙록자부주』는 < , . · ; : " " ' ' ? ! > 등의 표점을 사용하여 문단을 나누고 문맥을 정리하여서 그 내용을 쉽게 이해할 수 있도록 하였고, 원문을 문법에 맞추어 본문에 충실한 直譯이 되도록 하였다. 또한 갖고 있는 底本의 보존 상태로 인하여 불분명한 부분과 板本에 따른 다른 부분은, 脚註에 따로 표기하는 방법을 사용하였다.

本書가 훌륭한 후학들의 정진에 조금이나마 보탬이 되기를 바란다.

癸未年 冬至에

譯者 文鍾蘭

일러두기

이 책은 釋曇瑩의 『珞琭子賦註』를 校勘 標點하고 번역한 것이다.

底本

이 책의 底本은 『欽定四庫全書』 子部에 실린 『珞琭子賦註』이다.

異本

• 李虛中等, 『李虛中命書外二種 0171』, 新文豊出版社, 1987年刊.
  底本의 중요한 異本으로서 逐字 對照하였다.

校勘參考資料

• 臺北國立故宮博物院所藏本, 景印 『文淵閣四庫全書』, 『珞琭子賦註』
• 徐子平 撰, 『珞琭子三命消息賦註』, 四庫全書, 子部 七.
• 李同(宋)注, 東方明(宋)疏, 『新雕注疏珞琭子三命消息賦(三卷)』

校勘

- 略字, 俗字 등 異體字는 代表字로 통일하고 校勘記는 달지 않았다. 대표자 판정은 韓國古典飜譯院 이체자 검색시스템을 準據로 하였다.
- 底本의 오류가 의심되는 경우 校勘記에 그 내용을 언급하였다.
- 底本과 異本 간에 글자의 차이가 있지만 어느 쪽이 옳은지 확정할 수 없는 경우 校勘記에 그 내용을 밝혔다.

標點

이 책에 사용된 標點符號는 다음과 같다.

.	敍述文 및 語調가 약한 命令文의 끝에 쓴다.
?	疑問文의 끝에 쓴다.
!	感歎文 및 語調가 강한 命令文 등의 끝에 쓴다.
,	한 文章 안에서 句의 區分이 필요한 곳에 쓴다.
·	竝列된 名詞 또는 名詞句 사이에 쓴다.
;	두 句 이상으로 구성된 각 節이 竝列을 이룰 때 그 사이에 쓴다.
:	제기하는 말 뒤 또는 총괄하는 말 앞에 쓴다.
" " ' '	1차와 2차 대화, 인용, 강조 등을 나타낸다.
『』「」	書名과 篇名을 나타내는 데 쓴다.

목 차

珞琭子賦註[1] 提要

欽定四庫全書[2]

　提要

　珞琭子賦[3]註二卷

臣等謹案: 錢曾[4) 『讀書敏求記』[5) 稱『珞琭子三命消息賦』

---

1) 宋代의 저서로, 珞琭子가 지은 賦에 王廷光과 李仝과 釋曇塋이 주를 하였고, 이를 석담영이 撰하였다. 年柱를 祿命身 三元으로 구분하였고, 五行納音과 吉凶 神煞로써 四柱를 간명하였다. 낙록자가 지은 부에 따라 徐子平과 王喬子晉이 각각 註한 저서가 『珞琭子三命消息賦註』와 『新雕注疏珞琭子三命消息賦』가 전한다. 본서인 『낙록자부주』는 臺北國立故宮博物院所藏本 『影印文淵閣四庫全書』本을 底本으로 하고, 中華民國 76년판인 新文豐 本을 底本으로 참고하였다.

2) 『四庫全書』: 中國 最大의 叢書이다. 淸의 乾隆 황제의 명령으로 건륭 37년(1772)에 편수를 시작하여 건륭 47년(1782)에 완성을 보았다. 淸代에 이미 일만 권의 『古今圖書集成』이 있었으나 原文 모두를 싣지 않은 미흡한 점이 있어 이를 보완하고자 한 것으로, 수록된 십만 권이 넘는 책은 經·史·子·集의 4부 44류로 분류·편집되어 있다. 처음에는 內廷의 文淵閣, 北京 圓明園의 文源閣, 奉天故宮의 文溯閣, 承德避暑山莊의 文津閣 등 4곳에 나누어 보관하였다. 후에 다시 민간에 閱覽시키는 3부를 더 복사하여 揚州의 文匯閣, 鎭江의 文宗閣, 抗州의 文瀾閣에 저장하였다.

3) 賦: 시와 산문의 요소들을 결합한 한문 문체의 하나로, 굴원(屈原: B.C.343~289경)의 『離騷』에서부터 발달한 형식이다. 송대(960~1279)의 구양수(歐陽修: 1007~1072)와 소동파(蘇東坡: 1036~1101)에 이르러 그 수준이 현격히 높아졌다. 이들은 부를 시보다 산문 쪽에 더 가깝게 했으며, 작가 자신의 인생관이나 철학적 관심사를 표현하는 데 이용하였다. 『珞琭子賦』 역시 이와 같은 맥락으로 命理에 대한 낙록자의 생각을 賦 형식으로 풀어낸 것이다.

4) 錢曾(1629~1701): 淸의 江南 常熱人으로 字는 遵王이고 號는 也是翁이고, 貫花道人, 逑古主人이라고도 하였다. 장서를 모아 놓은 逑古堂에 좋은 책이 많았으나 火災로 인해 유실이 많았다. 저서로 『讀書敏求記』가 있고, 『初學』과 『有學』을 註하였으며, 그 외에도 『逑古堂書目』·『懷園』·『喬花』·『交蘆』·『判春』·『奚囊』 등이 있다(『國朝耆獻類征初編』 卷四二七). 張㧑之·沈起煒·劉德重 主編, 『中國歷代人名大辭典』 下卷, 上海古籍出版社, 1999, p.1909.

二卷, 王廷光·李仝·釋6)曇瑩·徐子平7) 四家注解. 今考『永樂大典』所載, 凡有二本: 一本則徐子平註, 一卽此本, 獨題曇瑩之名, 而廷光與仝之說悉在焉. 或錢氏之本乃後人輯四家之說合爲一書, 故所題撰人之名互異. 抑此本爲曇瑩撮王·李之注, 附以己說, 故其文兼涉二家歟? 廷光之書進於宣和8)癸卯, 曇瑩之書成於建炎9)丁未, 在廷光後五年, 知非與廷光等仝注. 而卷首董巽·楚頤二序亦惟稱曇瑩一人, 則當以『永樂大典』獨題其名爲是也.

其說往往以命理附合易理, 似不及徐子平註爲明白切實. 然如所列王廷光推演命限一條, 頗爲精確; 曇瑩自論孤虛一條, 亦有可採擇, 與徐氏之書並行, 亦可謂駸之靳矣.

上卷之中, 三家之注並載; 下卷之中, 則曇瑩之注多, 而廷光與仝之注少. 又曇瑩自序, 以李仝·鄭潾並稱, 而卷中無潾一語, 疑傳寫脫佚. 或『永樂大典』所刪節, 亦未可定也.

---

5) 『讀書敏求記』: 淸初의 시인이자 장서가로 알려진 錢曾이 본인 소장의 책에 적은 題跋을 모아 편집한 解題로서 모두 4권이다. '讀書敏求記'란 책 읽기를 힘써 추구하며 적은 기록이란 뜻이다. 서지학 연구에 중요한 참고서로서 고대 목록학의 경전이라 할 수 있다.

6) 釋: 佛家의 승려들 법명 앞에 性으로 '釋'字를 붙이자고 제창한 사람은 東晋 출신의 道安(312~385)이다. 중국 최초의 선종사서이자 북종선의 계보를 밝히고 있는『傳法寶紀』에 '석보리달마·석승가·석승찬' 등 석씨를 붙이고 있는 것으로 보아, 담영의 신분이 佛家에 속함을 알 수 있다. 정찬주,『뜰 앞의 잣나무』, 미들하우스, 2008, p.116.

7) 徐子平: 宋人 혹은 五代人이고 이름은 居易다. 麻衣道者와 함께 華山에 은거하였다. 星命之學에 밝았고, 後世에 術士의 종주라 하여, 八字 추명을 '子平'이라 한다.

8) 宣和: 宋(960~1279) 徽宗의 연호로서 1119~1125년 동안 사용하였다.

9) 建炎: 宋 高宗의 연호로서 1127~1130년 동안 사용하였다.

廷光與仝爵里事迹, 均無可考. 李仝之名,10) 『讀書敏求記』
作"同", 晁公武11) 『讀書志』作"全", 亦莫詳孰是. 曇瑩號蘿月,
嘉興人, 以談易名一時. 洪邁12) 『容齋隨筆』13) 載之, 稱曰 "易
僧", 其以易理言命, 蓋由於是云.

乾隆四十六年九月 恭校上.

              總纂官 臣 紀昀14) 臣 陸錫熊15) 臣 孫士毅16)

10) 李仝之名: 李仝과 李同을 같은 사람으로 본다. 宋나라 사람 李同의 저서로 『新雕李燕陰陽三命』
(二卷)과 『新雕注疏珞琭子三命消息賦』(三卷) 2篇이 『續修四庫全書索引集』에 실려 있다.

11) 晁公武(1105~1180): 宋人으로 字는 子止이고 號는 昭德先生으로 晁沖의 아들이다. 자신의 藏
書를 분류하여 카드 형식으로 『郡齋讀書志』를 저술하였다. 高宗 때 進士에서 시작하여 孝宗
때는 관직이 吏部侍郎까지 이르렀다. 저서에는 「군제독서지」 외에도 『昭德文集』과 『易詁訓傳』
等이 있다. (『萬姓統譜』 卷三〇, 『宋詩紀事小傳補正』 卷三). 張㧑之・沈起煒・劉德重 主編, 『中
國歷代人名大辭典』 下卷, 上海古籍出版社, 1999, p.1901.

12) 洪邁(1123~1202): 南宋 사람으로 字는 景盧이고 號는 容齋이다. 士大夫 가문에서 태어났으며
학식이 풍부하고 근면하였으며 여러 관직을 두루 거치고, 高宗・孝宗・光宗・寧宗 등 네 명의
황제를 모셨다. 경전과 역사서에 정통하였고 의학, 역술 등의 서적을 아울러 다루었다. 『資治
通鑒』을 세 차례나 베끼고 『容齋隨筆』・『夷堅志』 등의 저서가 있으며, 『萬首唐人絕句』 등을
엮었다. 臧勵龢等編, 『中國人名大辭典』, 商務印書館, 2006, pp.672~673; 洪邁, 『容齋隨筆』, 夏
祖堯 周洪武点校, 岳麓書社, 2006.

13) 『容齋隨筆』: 홍매가 40여 년 동안 독서와 기록을 정리하여 정치・역사・문학・철학・예술 등
제 분야의 문제를 날카롭게 분석하고 비평한 수필 형식의 문집이다. 그의 박학다식함을 보여
주고 잘 고증되어 있으며, 독창적인 견해를 보여 주고 있는 것이 특징이다. 淸代 洪璟은『紀事
二』에서 말하길, "이 책은 경전, 역사 전고, 제자백가의 말씀 및 시사, 의술, 역술의 예 등 다방
면에서 고르게 다루고 있다"고 했다. 구성은 「隨筆十六卷」・「續筆十六卷」・「三筆十六卷」・「四
筆十六卷」・「五筆十卷」으로 나누어져 있다. 洪邁의『容齋隨筆』과 沈括의『夢溪筆談』과 王應麟
의『困學紀聞』三卷은, 南宋 시기 최대 학술 가치가 있는 기록으로 꼽힌다. 洪邁, 夏祖堯 周洪
武点校, 『容齋隨筆』, 岳麓書社, 2006.

14) 紀昀(1724~1805): 淸 獻縣人이고 字는 曉嵐이며 號는 石雲과 春帆이 있다. 乾隆 十九年에 進
士에서 시작해嘉慶에서의 벼슬이 協辦大學士가 되었으며 太子太保에까지 이르렀다. 『四庫全書』
總纂을 맡아 완성을 보고, 아울러『四庫全書總目提要』도 편찬하였다. 그 외의 저서에『紀文達
公集』과『閱微草堂筆記』가 있다(『二十五史紀傳人名索引』, 上海古籍出版社, 1990). 張㧑之・沈
起煒・劉德重 主編, 『中國歷代人名大辭典』 上卷, 上海古籍出版社, 1999, p.764.

15) 陸錫熊(1734~1792): 淸 上海人이고 字는 健男이다. 乾隆 二十六年에 進士에서 左副都禦史의
관직에까지 이르렀다. 紀昀과 아울러『四庫提要』의 總纂 책임을 맡았고, 『通鑒輯覽』・『契丹國
志』・『勝朝殉節諸臣錄』・『河防紀略』 等을 편찬하였다. 晩年에 經濟之學을 마음에 두고서 古
今의 水利・兵刑・食貨 等의 지식을 꿰뚫는 저서 『寶奎堂文集』과『篁村詩鈔』를 남겼다(『二十
五史紀傳人名索引』, 上海古籍出版社, 1990. 『碑傳集』 卷三五). 張㧑之・沈起煒・劉德重 主編,
『中國歷代人名大辭典』 上卷, 上海古籍出版社, 1999, p.1321.

總校官 臣 陸費墀[17]

臣等이 삼가 살펴보니, 錢曾의 『독서민구기』에 "『낙록자삼명소식부』 두 권, 왕정광·이동·석담영·서자평 등 四家 주해"라고 하였습니다. 지금 『영락대전』에 실려 있는 바를 살펴보면, 대체로 두 가지 본(本)이 있습니다. 한 본은 서자평의 주이고 다른 한 본은 바로 이 [『사고전서』]본인데, 오직 석담영의 이름만 제목에 올라 있으며, 정광과 이동의 설이 함께 실려 있습니다. 아마도 전증이 본 板本은 후대 사람들이 四家(왕정광·이동·석담영·서자평)의 설을 모아서 하나의 책으로 만든 것이어서 제목에 올라 있는 편찬자의 이름이 서로 다른 것일 터입니다. 아니면 이 (『사고전서』)본은 석담영이 왕정광과 이동의 주를 모은 뒤에 자기의 설을 붙여서 그 문장이 두 사람(왕씨와 이씨)의 설을 섭렵하게 된 것일까요? 정광의 책은 宣和 癸卯年(1123)에 바쳐졌고, 담영의 책은 建炎 丁未年(1127)에 완성되어 정광보다 5년이 뒤지니, 정광 등 두 사람과 더불어 주한 것이 아님을 알 수 있습니다. 그런데 책 앞머리에 있는 동손과 초이 두 사람의 서문 또한 단지 담영

---

16) 孫士毅(1720~1796): 清 仁和人이고 字는 智治이며 號는 朴山이다. 乾隆 二十六年에 進士에서 文淵閣大學士의 관직까지 이르렀다. 저서는 『百一山房詩文集』이 있다(『國朝耆獻類編 卷三二』). 張撝之·沈起煒·劉德重 主編, 『中國歷代人名大辭典』 上卷, 上海古籍出版社, 1999, p.781.

17) 陸費墀(?~1790): 清 桐鄉人이고 字는 丹叔이며 號는 頤齋인데, 陸費는 復姓이다. 乾隆 三十一年에 進士가 되어 四庫全書館總校와 副總裁를 지냈다. 저서는 『歷代帝王廟諡年諱譜』와 『枝蔭閣集』이 있다(『二十五史紀傳人名索引』, 上海古籍出版社, 1990. 『詞林輯略』 卷四 『清儒學案小傳』 卷八). 張撝之·沈起煒·劉德重 主編, 『中國歷代人名大辭典』 上卷, 上海古籍出版社, 1999, p.1320; 저서로 『四庫全書辯正通俗文字』가 있다. 『續修四庫全書한글索引集』, 김쟁원, 신성출판사, 2004, p.73.

한 사람만을 칭하고 있으니, 마땅히 『영락대전』에서 오직 석담 영의 이름만 내건 것을 옳다고 해야 할 것입니다.

석담영의 설은 왕왕 명리를 易의 이치와 견강부회한 점이 있으 니, 서자평 주가 명백하고 절실한 것에는 미치지 못하는 듯합니 다. 그러나 여기에서 나열한 왕정광의 '命限' 推演한 조항은 자못 정확하고, 석담영이 스스로 논한 '孤虛'한 조항은 또한 채택할 만 한 것이 있으니, 서자평의 책과 병행한다면 또한 서로 보탬이 된 다 하겠습니다.

상권에는 세 사람의 주가 아울러 실려 있고, 하권에는 담영의 주는 많지만 정광과 이동의 주는 적습니다. 또 담영의 자서에서 李仝과 鄭潾을 아울러 칭하고 있는데, 책 안에는 정린의 말은 한 마디도 없으니, 베껴서 전하는 과정에 빠지거나 잘못된 것이 아 닌가 의심됩니다. 또는 『영락대전』을 편찬할 당시에 산절(깎아 내다)했는지는 단정을 내릴 수 없습니다.

왕정광과 이동의 벼슬 및 행적은 모두 고찰할 만한 것이 없습 니다. 이동의 이름은 『독서민구기』에는 '同'으로 되어 있고, 조공 무의 『독서지』에는 '仝'으로 되어 있는데 어느 것이 옳은지 알 수 없습니다. 담영의 호는 蘿月이며 嘉興 사람인데, 주역을 잘 아 는 것으로 한때에 이름이 났습니다. 洪邁의 『용재수필』에 이 사람에 대해서 싣고 있는데 '易僧'이라고 칭하였습니다. 담영에 대해서 역의 이치로 명리를 말했다고 하는 것은, 대체로 이로부 터 말미암은 것 같습니다.

건륭 46년(1781) 9월에 공손하게 교정해서 올립니다.

총찬관 기윤, 육석웅, 손사의 총교관 육비지

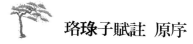

珞琭子賦註 原序

〈釋曇瑩의 序文〉

夫質判元黃,[18] 氣分淸濁, 三才旣辨, 萬象已陳. 珞琭子書,
斯文擧矣. 是知榮枯否泰, 得喪存亡, 若鑑對形, 妍醜自見.
古所謂 "不知命無以爲君子."[19] 余獲其文, 積有年矣, 而禪
餘之暇, 未嘗忘之. 於是立節苦心, 求仁養志, 不言之敎, 可
以爲師. 鄭漵·李全, 得志於前; 單見淺聞, 續註於後. 將使
來者, 用廣其傳, 凡我同流, 無視輕耳!

建炎改元[20] 丁未太歲夷則望日, 嘉禾釋曇瑩序.

무릇 質이 하늘과 땅으로 갈라지고 氣가 淸濁으로 나뉘어, 삼재
가 이미 변별되자 만상이 이에 펼쳐졌네. 낙록자의 책은 이 만상

---

18) 元黃: '元'은 淸나라 康熙帝의 이름 '玄燁'의 避諱字이다. '玄'은 하늘을, '黃'은 땅을 말한다.
19) 不知命無以爲君子: 『論語』 「堯曰」篇에 나오는 구절이다.
20) 改元: 年號를 고침. 北宋 徽宗·欽宗이 金에 잡혀가고, 휘종의 아들 高宗이 南宋을 세우면서
연호를 건염으로 한 첫해이다. 『白虎通疏證』에서 "不可曠年無君, 故踰年乃卽位改元. 元以名年,
年以紀事, 君統事見矣, 而未發號令也"라 하여 '改元'의 의미를 새기고 있다.

의 무늬를 드러낸 것이네. 이로써 榮枯와 否泰, 得喪과 存亡을 알 수 있으니, 마치 거울이 형상을 비추듯이 아름다움과 추함이 저절로 드러나네. 옛날 (공자께서 말씀하신) 이른바 "명을 알지 못하면 군자가 될 수 없다"는 것일세. 내가 낙록자의 글을 얻은 지 벌써 여러 해, 參禪을 하고 남은 시간에도 잊지 않고 있었네. 이에 뜻을 세우고 고심하며 仁을 구하고 뜻을 기르니, [낙록자의 글은] 말없는 가르침으로 스승으로 삼을 만하였네. 정린과 이동은 나보다 먼저 뜻을 얻었는데, 나의 짧은 견해와 얕은 견문으로 뒤에 주를 달았네. 장차 뒷사람들로 하여금 이 책을 널리 전하고자 하니, 모든 우리 同流들은 경시하지 마시기를!

건염 개원 정미년(1127) 음력 7월 보름, 가화에서 석담영 씀.

〈董巽의 序文〉

"不知命, 無以爲君子", 誠謂消息盈虛之理, 殆難逃乎數. 珞琭子實天下命論之母也. 根其萌兆, 得其榮枯, 深造其旨者, 玄斷神遇. 象外之微, 不可得而言傳. 故於情性善惡, 成敗賤貴, 視之指掌, 萬無一失焉. 其或推究不盡其妙, 休咎罕中乎的, 豈智慮之不至耶! 抑亦臨文而自昧耳.

嘉禾瑩師深得其道, 不愧古人, 慨然剖判而註解之, 欲後之讀者, 沿流而得其本, 尋諦而獲其眞. 携以過予, 索爲序引. 予笑與之曰: "師徒知有涯, 旣生之後者也. 於未兆時而能卜哉?" 瑩瞠若有間, 罄折而諾.

建炎戊申重十日, 董巽公權序.

"명을 알지 못하면 군자가 될 수 없다"는 말은, 진실로 소식과 영허의 이치가 거의 數[象數·命理]에서 벗어나기 어렵다는 것을 말한다. 낙록자는 진실로 천하에서 命을 논한 것의 어머니[宗主]이다. 그 싹과 조짐[시초]에 근거하여 榮枯盛衰[결과]를 얻었으니, 그 뜻에 깊이 나아가는 자는 현묘하게 추단하고 신통하게 맞을 것이다. 상을 벗어난 은미함은 말로 전할 수 없는 것이다. 그러므로 性情과 善惡, 成敗와 貴賤을 손바닥을 보듯이 훤히 꿰뚫어 만에 하나도 실수가 없이 될 것이다. 간혹 推斷함에 있어서 묘함을 다하지 못하거나 吉凶을 판단함에 있어 적중함이 드문 것은 아마도 志慮가 미치지 않아서일 것이다. 아니면 책을 보면서 스스로 깨치지 못한 것일 뿐이다.

가화의 담영 스님이 그 도[낙록자의 도]를 얻음이 깊어 옛사람에게 부끄럽지 않았는데, 분발하여 그것을 분석하고 주해하여, 후에 읽는 사람으로 하여금 支流를 좇아 本流를 얻고 세밀히 살핌을 통해 참됨을 얻을 수 있게 하고자 하였다. [담영 스님이] 책을 지니고 나에게 와서 서문 쓰기를 구하셨다. 내가 웃으며 써주면서 말하기를, "선생께서는 다만 有限한 것을 알 뿐이니, 이미 나타난 뒤의 일입니다. 조짐이 생겨나기 전에 점을 칠 수 있겠습니까?" 하였다. 담영이 놀라 눈을 동그랗게 뜬 채 한참 있더니, 겸손하게 인정하였다.

건염 무신년(1128) 10월 10일 동손 공권 씀.

〈楚頤의 序文〉

陶弘景[21] 自稱珞琭子, 蓋取夫 "不欲如玉如石"之說. 方其隱居時, 號爲 "山中宰相", 故著述行者尤多. 命書作賦, 其言愈見深妙, 至於凝神通道, 豈淺聞之士所能及哉? 題篇直曰 "珞琭子", 則謂陶弘景復何疑焉? 瑩師禪老能研究成文, 用心亦已勤矣, 警化誠不淺爾. 世莫知珞琭子爲誰, 因以所聞而敍之.

朝議大夫[22]·前通判郴州軍州事[23]·賜紫金魚袋[24] 楚頤養正撰.

도홍경은 스스로 낙록자라고 칭하였는데, 대체로 『老子』에 나오는 "옥 같지도 않고 돌 같지도 않고자 한다"(不欲如玉如石)[25]는

---

21) 陶弘景(452~536): 六朝 梁人으로 字는 通明이다. 華陽에 은거한 것으로 인해 號는 華陽眞逸 또는 華陽眞人으로 불렸다. 陰陽五行·風角·星算·山川地理·方圖産物·醫術·本草에 밝았으므로 그 당시의 사람들은 山中宰相이라 하였다. 渾天象을 만들었으며, 吉凶大事를 바르게 하고 기인 행색을 하였다고 전한다. 85세에 무병장수하고 죽었다. 臧勵龢等編, 『中國人名大辭典』, 商務印書館, 1921, pp.1108~1109; 저서로 『鬼谷子注』 三卷과 『養性延命錄』 二卷이 있다. 김쟁원, 『續修四庫全書한글索引集』, 신성출판사, 2004; 저서로 『三命抄略』이 있다. 陳永正外 三人編, 『中國方術大辭典』, 中山大學出版社, 1991, p.19; 公元 452~536, 山水를 사랑하고 道術을 좋아하였으며 陰陽五行·地理·醫藥에 精通하였다. 저서로 『帝代年暦』·『古今州郡記』·『本草集注』 등이 있으나 전하지 않고, 전해지는 저서로 『陶隱居集』 輯本 一卷과 『古今刀劍錄』이 있다. 王力主編, 『古代漢語』 第三册, 中華書局出版, 1995, p.1130.

22) 朝議大夫: 唐·宋시대의 22직급 중 11계급에 해당하며, 正五品 下의 품계이다. 赵德义·汪兴明主编, 『中国历代官称辞典』, 团结出版社, 2000, p.47; 등급은 正五品이나 실제 맡은 일은 별로 없는 관직이다. 沈括, 『梦溪笔谈』, 万卷出版公司, 2008, p.280.

23) 通判: 관직명으로 宋初에 五代가 藩鎭 세력이 너무 큰 점을 고려하여 경성의 문관으로 하여금 지방의 장관을 맡게 하여 지방과 서울의 관원들이 함께 정사를 보도록 하였다. 沈括, 『梦溪笔谈』, 万卷出版公司, 2008, p.163.

24) 紫金魚袋: '魚袋'는 唐·宋代에 쓰던 물고기 모양의 장식이 붙어 있는 주머니를 말한다. 관리가 가지고 다니면서 자기 신분을 표시하던 것. '紫金'은 赤銅에서 나는 구리를 말하는 것으로, 임금을 위하여만 쓰던 귀한 염료이다. 따라서 '紫金魚袋'라면 황제가 하사하는 매우 귀한 물건이다.

말을 취한 것이다. 바야흐로 도홍경이 은거할 때에 '산중재상'이라 불렸기 때문에 세상에 통행한 저술이 매우 많았다. 명리를 賦로 지음에 그 말이 더욱 심오하고 오묘함을 보였으니, 신묘함을 머금어 도에 통한 데 이르러서는 어찌 견문 얕은 자들이 미칠 수 있는 바이겠는가? 부의 제목에 편하기를 바로 '낙록자'라 하였으니, 도홍경을 말한다는 것을 어찌 의심하겠는가. 선승인 담영 스님이 능히 연구하여 문장을 이루었으니 마음을 씀이 이미 부지런하다 할 것이며, 사람을 깨우치고 교화한 것이 진실로 적지 않다 할 것이다. 세상에서 낙록자가 누구인지 모르기 때문에 들은 바를 가지고 서문을 쓴다.

조의대부 전 통판침주군주사이며 자금어대를 하사받은 양정초이 지음.

---

25) 不欲如玉如石: 『老子』 第39章의 "不欲琭琭如玉, 珞珞如石." 구절을 가리킨다. 이에 대해 河上公 註에서는 "녹록은 적음을 말하고 낙락은 많음을 말하니, 옥은 적어서 귀히 여겨지고 돌은 많아서 천시를 당한다. 옥처럼 남에게 귀히 여겨지거나 돌처럼 남에게 천시받지 않고 그 중간에 처하고자 한다는 말이다"(琭琭喩少, 落落喩多, 玉少故見貴, 石多見賤. 言不欲如玉爲人所貴, 如石爲人所賤, 當處其中也)라고 하였다. 초연히 세상을 벗어나 달관하며 살고자 했던 낙록자의 사상을 고려할 때, 이 구절은 하상공의 註처럼 "옥처럼 드물어 귀하지도 않고 돌처럼 흔해서 천하지도 않고자 한다"는 의미로 이해하는 것이 타당하다. 한편 이 구절에 대해서는 "옥처럼 화려하고 아름답고자 하지 않고, 돌처럼 단단하고 소박하고자 한다"고 이해하는 설도 있다.

欽定四庫全書

珞琭子賦註 卷上

宋 釋曇瑩 撰

珞琭子者, 不知何許人, 古之隱士也. 自謂珞琭子, 一爲布
德立儀, 二乃指歸成敗. 歲時綿邈, 斯文盛行, 洞鑒 [人倫],
爲世所寶, 故以珞琭子稱之.

낙록자는 어떤 사람이었는지 알 수 없으나 옛날 隱士이다. 스
스로 낙록자라고 이름하였는데, 한편으로는 德을 베풀어 威儀를
세웠고, 또 한편으로는 成敗의 요점을 알려 주었다. 까마득하게
오랜 세월 전부터 그 문장 (낙록자부)가 성행하여, [인륜]을 훤히
비추어 세상에 보배가 되었기 때문에 낙록자라고 칭한 것이다.

---

1. 元一氣兮先天, 稟淸濁兮自然; 著三才以成象, 播四氣以
   爲年.

원래 한 기운이 先天에 있다가, 淸濁을 품부 받아 스스로 그러하
고, 三才로 드러나 상을 이루며, 四氣에 펼쳐져 한 해를 이룬다.

元亨利貞, 乾之德也, 始於一氣. 蓋一氣者出乎象數之先,
而太易之首. 老氏曰: "有物混成, 先天地生."[26]

元・亨・利・貞은 乾의 덕이며, 一氣에서 시작된다. 대체로 一氣
란 象과 數보다 앞서 나왔으며, 大易의 우두머리이다. 老子가 말

---

26) 有物混成, 先天地生: 『道德經』 上篇 二十五章에 보인다.

하길 "한 물건이 혼연히 이루어져 천지보다 먼저 생겨났다"라고
하였다.

易有太極, 是生兩儀. 淸輕者上而爲天, 天職主覆; 濁重者
下而爲地, 地職主載.

易에는 태극이 있어서 이것이 兩儀를 낳았다. 청하고 가벼운
것은 위로 올라가서 하늘이 되니 하늘은 덮는 것을 주관하고, 탁
하고 무거운 것은 아래로 내려가 땅이 되니 땅은 싣는 일을 주관
한다.

兩儀旣分, 三才乃著. 故人法地, 地法天, 天法道, 道法自
然.27)

兩儀(淸·濁)가 이미 나누어지고 나자 三才가 드러나게 되었다.
그래서 사람은 땅을 본받고 땅은 하늘을 본받고 하늘은 도를 본
받으며 도는 자연을 본받는 것이다.

又云: "廣大配天地, 變通配四時."28) 春暖秋凉, 冬寒夏熱,
三光電捲, 四時風馳. 如環之無端, 終而復始, 歲功畢矣, 而
成一年.

---

27) 人法地, 地法天, 天法道, 道法自然: 『道德經』 上篇 二十五章에 보인다.
28) 廣大配天地, 變通配四時: 『周易』 「繫辭上傳」 六章에 보인다.

또 『역』에 이르길, "넓고 큰 것은 천지와 짝하고 변통함은 四時에 짝한다"라고 하였다. 봄은 따뜻하고 가을은 서늘하며, 겨울은 춥고 여름은 더우니, 三光(해와 달과 별)은 빠른 기세로 돌고 四時는 바람같이 달린다. 마치 끝이 없는 둥근 고리처럼 끝나면 다시 시작하니, 한 해의 일이 끝나면 그렇게 일 년이 되는 것이다.

---

2. 以干爲祿, 向背定其貧富; 以支爲命, 詳逆順以循環.

干으로 祿을 삼아서 그 向背로 빈부를 정하고, 支로써 命을 삼으니 逆順을 자세히 살펴 순환시킨다.

干猶木之幹29)也, 幹强爲陽; 支猶木之枝也, 枝弱爲陰.

干은 나무의 줄기와 같으니 줄기는 강하여 양이 되고, 支는 나무의 가지와 같으니 가지는 약하여 음이 된다.

十干之祿, 寄於十二支中, 陽道順行, 陰道逆運. 陽祿自生而順數, 陰祿自死而逆數, 皆遇本音, 臨官以寓焉.

십간의 록은 십이지 중에 기탁하는데, 양도는 순행하고 음도는 역행한다. 양의 록은 生으로부터 순행으로 셈하고 음의 록은 死

---

29) 幹:『五行大義』에서 "總名支幹者, 幹字乃有三種不同: 一作幹 二作幹 三作干字."라 하였다. 이 부분을 일반적으로 天干의 '干'字가 '幹'字와 혼용되어 쓰이는 근거로 제시한다.

로부터 역행으로 셈하니, 모두 本音을 만나서 臨官으로서 거기에 붙여진다.

且如甲祿在寅, 甲日陽祿, 自亥長生中, 向陽而順數, 至寅位臨官也. 乙祿在卯. 乙日陰祿, 自午死氣中, 背陽而逆數, 至卯爲臨官也. 此蓋陽生則陰死, 陰生則陽死.

예컨대 甲祿은 寅에 있으니, 甲日은 陽祿이라 亥의 長生으로부터 陽을 향하여서 순행으로 셈하여 寅에 이르면 臨官이 되고, 乙祿은 卯에 있으니, 乙日은 陰祿이라 午의 死로부터 陽을 등지고서 역행으로 셈하여 卯에 이르면 臨官이 된다. 이(본음과 임관의 관계)는 양이 살면 음이 죽고, 음이 살면 양이 죽는 이치이다.

陰陽二氣交媾, 萬物由此以生也. 唯人, 物之最靈者也, 禀一氣而貫三才.

음양 二氣는 서로 교합하니, 만물이 이로 인하여서 생겨난다. 오직 사람은 만물 중에 가장 신령한 것으로서, 一氣를 품부 받아서 삼재를 관통하여 있다.

以干祿所主者, 貧富也. 或坐祿向祿者, 不富則貴; 或破祿背祿者, 不貧則夭.

간록으로써 주관하는 것은 빈부이다. 坐祿이거나 向祿이면 부하지 않으면 귀하고, 破祿이거나 背祿이면 가난하지 않으면 요절한다.

譬甲祿在寅, 命得寅以坐之. 復遇丑以向之, 逢申以破之, 見卯以背之.

甲祿이 寅에 있는 것을 예를 들면, 命이 寅을 얻으면 坐하고 丑을 만나면 向하고 申을 만나면 破하고 卯를 보면 背한다.

『經』云: "向祿則生, 背祿則死." 故祿前一辰曰羊刃, 祿後一辰曰祿庫. 此所謂向背定其貧富者歟.

『경』에 말하길 "向祿이면 살고, 背祿이면 죽는다"고 하였다. 그래서 祿 하나 앞 一辰을 羊刃이라 하고, 祿 하나 뒤 一辰을 祿庫라 한다. 이것이 이른바 向背가 貧富를 결정한다고 하는 것일 것이다.

十二支曰命, 命之所司者, 修短定焉. 蓋得之以順者, 則命之所遇於五行生旺·三合·六合者也; 不順者, 則逢休囚·六害·四衝·三刑者也.

十二支를 命이라고 하니, 명이 맡은 바에 따라 수명의 길고 짧음이 정해진다. 대체로 명이 순조로움을 얻은 자는 命에서 五行

의 生旺과 三合과 六合을 만난 것이고, 명이 순조롭지 않은 자는 休囚와 六害와 四衝과 三刑을 만난 것이다.

人之稟受陰陽逆順之氣, 在乎支干之中, 周而復始, 往來循環, 如寒暑之運四時而無窮者也. 得此者壽, 失此者夭. 故曰: "以支爲命, 詳逆順以循環."

사람이 품부 받은 음양 逆順의 氣는, 干支 사이에 있으면서 두루 돌아 다시 시작하고 왕래하며 순환하니, 마치 寒暑가 四時로 운행되면서 끝이 없는 것과 같다. 이(순환의 법칙)를 얻은 사람은 장수하고 이를 잃은 사람은 요절한다. 그래서 (앞에서) "支로써 命을 삼으니 逆과 順을 자세히 살펴서 순환시킨다"고 한 것이다.

李仝曰: 十干爲祿: 甲祿在寅, 乙祿在卯, 丙戊祿在巳, 丁己祿在午, 庚祿在申, 辛祿在酉, 壬祿在亥, 癸祿在子是也.

이동이 말했다.

十干이 록이 된다. 甲祿은 寅에 있고 乙祿은 卯에 있고 丙과 戊의 祿은 巳에 있고 丁과 己의 祿은 午에 있고 庚祿은 申에 있고 辛祿은 酉에 있고 壬祿은 亥에 있고 癸祿은 子에 있는 것이 이것이다.

此言向者可定其富, 背者可定其貧, 大約如此, 不可一途而取也. 防有時日遇吉神, 須通變消息十二支.

　이것은 向祿한 사람은 부유하다고 할 수 있고 背祿한 사람은
가난하다고 할 수 있다는 말이지만, 대략 이와 같다는 것이지 이
한 가지로 취해서는 안 된다. 日이 吉神을 만난 때라면 모름지기
十二支의 소식과 變通하여야 한다.

　子丑寅卯辰巳午未申酉戌亥以爲命. 陽男陰女, 從生月順
行; 陰男陽女, 從生月逆行.

　子·丑·寅·卯·辰·巳·午·未·申·酉·戌·亥가 命이 된다.
양남과 음녀는 생월로부터 순행으로 진행하고, 음남과 양녀는 생
월로부터 역행으로 진행한다.

　曇瑩曰: 干祿推之有向背, 吉凶究之有淺深. 背而逆之者可
定其貧, 向而順之者以言其富.

　담영은 말한다.
　干祿을 推演하는 데에는 向背가 있고, 吉凶을 궁구하는 데에는
淺深이 있다. 뒤로 등지고 역행하는 경우에는 그의 가난함을 정
할 수 있고, 앞을 향하여 순행하는 경우에는 그의 부유함을 말할
수 있다.

然而不在一途取軌, 亦有逢背祿而不貧. 於是支作人元, 運會從而得失.

하지만 이 한 가지 궤적만 취하지는 않으니, 또한 背祿인데도 가난하지 않는 경우가 있기 때문이다. 이에 경우에 支로 인원을 만드니, 운의 만남을 따라 득실이 있다.

男迎女送, 否泰交居, 會吉會凶, 作用定矣.

男(陽運)은 맞이하고 女(陰運)는 보내며 否와 泰가 서로 번갈아 나타나니, 吉을 만나고 凶을 만남에 작용이 정해진다.

---

3. 運行則一辰十歲, 折除乃三日爲年. 精休旺以爲妙, 窮通
   變以爲元.

운을 행함에 있어서는 일진이 십 년이 되고, 절제하면 삼 일이 일 년이 된다. 休旺에 정밀하여 오묘하게 되고, 通變을 궁리하여 현묘하게 된다.

王廷光曰: 物不精不爲神, 數不妙不爲術. 故精者神之所合, 妙者智之所通. 術之機微, 可以性釋而已.

왕정광이 말했다.

만물은 정밀하지 못하면 신령스럽지 못하고, 수는 오묘를 다하지 않으면 술이 될 수 없다. 그러므로 정밀한 것에는 신령함이 모이고, 오묘한 것에는 지혜로움이 통한다. 술수의 기미는 性으로 깨달을 수 있을 뿐이다.

夫運者, 人生之傳舍. 推命之說, 先以三元四柱 · 五行生死, 格局致合, 以定根基. 然後考覈運氣, 協而從之, 以定平生之吉凶也.

무릇 운이란 인생의 여관에 해당한다. 推命할 때는 먼저 三元인 四柱, 五行의 生死에 格局을 서로 致合시켜 根基를 정한다. 그런 뒤에 運氣를 자세히 살펴서 조화롭게 맞추어 따름으로써 平生의 吉凶을 정한다.

且根基如木, 運氣如春, 春無木而不著, 木無春而不榮. 賦以根基淺薄者, 如蒿萊之微, 春氣潛發, 亦能敷茂, 其能久耶? 根基厚壯者, 如松栢之實, 不爲歲寒之所變也.[30] 此所謂 "先論根基, 後言運氣"者歟.

또 근기는 나무 같고 운기는 봄 같으니, 봄은 나무가 없으면

---

30) 不爲歲寒之所變: 『論語』 「子罕」편에 "歲寒, 然後知松栢之後彫也"의 구절이 있다.

봄의 기운을 드러낼 수가 없고, 나무는 봄이 없으면 꽃을 피우지 못한다. 근기가 천박하게 주어진 자는 볼품없는 쑥이나 명아주 풀 같아서, 봄기운이 잠겼다가 발동되면 또 무성하게 퍼질 수는 있지만 오래갈 수 있겠는가? 근기가 두텁고 왕성한 자는 튼실한 소나무와 잣나무 같아서, 추워지는 날씨에서도 변하지 않는다. 이것이 이른바 "근기를 먼저 논하고 운기를 뒤에 말한다"는 것이다.

大運一辰十歲者, 何也? 蓋一月之終, 晦朔周而有三十日; 一日之內, 晝夜周而有十二時. 總十日之運氣,[31) 凡三日有三十六時, 乃見三百六十日爲一歲之數. 在一月之中, 有三百六十時, 折除節氣算計, 三千六百日爲一辰之十歲也.

大運에서 一辰(한 주기)을 십 세로 하는 것은 무엇 때문인가? 대체로 한 달 내에는 초하루에서 그믐까지 두루 돌아서 30일이 있고, 하루 안에는 낮과 밤을 두루 돌아서 열두 시간이 있다. 날의 運氣를 총계 내 보면, 무릇 삼 일에는 서른여섯 시간이 있으니 이에 360일이 한 해가 되는 수를 볼 수 있다. 한 달의 가운데에는 360시간이 있으니, 節氣로 나누어 계산하면 3,600일이 一辰인 십 세가 되는 것이다.

---

31) 總十日之運氣: 『낙록자부주』 新文豐 本에는 "總計日之運氣"로 되어 있다. 『오행정기』에는 "總十年之運氣"로 되어 있는데 문맥상 底本의 "十日"은 "十年"의 誤字로 보인다.

人生以百二十歲爲周天. 論折除之法者, 必用生者實歷過日時, 數其節氣, 以合歲月之數也. 故陽男陰女大運, 以生日後未來節氣日時爲數, 順而行之; 陰男陽女大運, 以生日前過去節氣日時爲數, 逆而行之.

사람의 삶은 120세를 한 바퀴로 삼는다. 折除法을 논하는 자들은 반드시 살아 있는 자가 실제로 살아온 날짜를 쓰며, 그 節氣를 계산하여서 歲月의 수와 합치시킨다. 그러므로 陽男과 陰女의 大運은 생일 이후 未來 節氣의 日時로서 수를 삼아 순행하는 방향으로 진행시키고, 陰男과 陽女의 大運은 생일 이전 過去 節氣의 일시로서 수를 삼아 역행하는 방향으로 그것을 진행시킨다.

譬之甲子陽男, 十二月二十四日巳時生, 是月也二十九日申時立春. 陽男數以未來之日, 自二十四日巳時至二十五日巳時, 方是一日之實數, 至二十九日申時, 正得五日三時之節氣, 實歷過六十三時. 折除過六十三時, 折除計六百三十日, 是乃一歲奇九月之大運起於丁丑, 必自十二月生日後, 實經歷過二十有一.[32] 是日月運[33]方移宮, 是越三歲九月之內, 方是甲子十二月生, 行一歲奇九月之大運也. 斯所謂 "大運一辰十歲, 折除以三日爲年"者歟.

---

32) 二十有一: 『낙록자부주』新文豐 本에는 "二十有一月"로 되어 있다.
33) 月運: 『낙록자부주』新文豐 本에는 "運"으로 되어 있다.

예컨대 甲子년 陽男 12月 24日 巳時생이고, 이달 29日 申時가 立
春이라고 하자. 陽男은 未來의 날짜로 헤아리므로 24日 巳時로부
터 25日 巳時에 이르기까지는 꽉 찬 하루가 되며, 29日 申時에 이
르면 정확하게 5日 3시의 節氣[乙丑년의 입춘]를 얻게 되니, 실제
로는 63시를 지나는 것이 된다. 63시를 나누어 630일을 얻게 되
니, 이것이 1년 9개월의 대운이 丁丑에서 일어나는 것이며, 반드
시 十二月 생일로부터 실제로 21개월이 지난 것이다. 이 해와 달
의 운행이 바야흐로 궁을 움직이니, 이것은 3년 9개월을 넘어서
비로소 甲子 十二月생에게 1년 9개월의 대운이 행해지는 것이다.
이것이 이른바 "대운은 一辰을 십 세로 하며, 折除에 있어서는 3
일을 한 해로 한다"는 것이다.

今人行運多用約法, 論以一歲奇八月起運, 便以二歲九月過
矣, 殊不明折除實歷之數也. 故著此篇, 以明學者.

요즘 사람들은 대운을 운행할 때 간략한 법을 많이 써서, 1년
8개월로 운을 일으키는 것을 논하며 또 2년 9개월을 경과하기도
하는데, 이것은 실제 경과한 수를 折除한다는 것을 대단히 모르
는 것이다. 그래서 이편을 지어 배우는 사람에게 밝히고자 한다.

所謂 "精休旺以爲妙"者, 論行運至五行生旺之地, 如木之得
春, 其敷榮華實則可知矣, 或行運至五行休敗之地, 如木之逢

秋, 則衰朽枯槁亦可見矣. 人之四柱五行休旺·生死之理, 在乎悟理, 窮幽達微, 通變消息, 以盡形容之妙. 故曰 "精休旺以爲妙, 窮通變以爲玄." [34]

이른바 "休旺에 정밀하여 오묘하게 된다"는 것은, 行運에서 五行이 生旺한 곳에 이르면, 나무가 봄을 만난 것과 같아서 활짝 꽃 피고 화려하게 열매 맺음을 알 수 있고, 혹은 行運에서 五行이 休敗한 곳에 이르면 나무가 가을을 만난 것과 같아서 쇠약하고 썩으며 말라비틀어지는 것을 알 수 있음을 논한 것이다. 사람의 四柱와 五行의 休旺과 生死의 이치는 깨닫는 데에 있으니, 그윽하고 은미한 뜻을 궁구하고 통달하며 음양오행의 소식을 通變함으로써 형용의 묘함을 다하게 된다. 그래서 "休旺에 정밀하여 오묘하게 되고, 通變을 궁리하여 현묘하게 된다"고 말한 것이다.

李仝曰: 古法每行大運, 一辰十歲. 陽男陰女折算未來日, 以三日爲一年, 是一日主四箇月, 順行[35]; 陰男陽女算過去日, 亦三日爲一年, 是一日主四箇月, 從生月逆行. 舊以月朔計其日數, 後來精於術者, 多以節氣爲定, 從長用之. 言能精其五行旺·相·死·囚·休·廢, 窮極其通變之理, 則爲妙又爲玄也.

---

34) 玄:『낙록자부주』新文豐 本에서는 "元"으로 되어 있다. 底本에서 미처 避諱를 하지 않은 것이다.
35) 順行:『낙록자부주』新文豐 本에서는 "從生月順行"으로 되어 있다.

이동이 말했다.

古法은 매번 大運을 행할 때, 一辰을 십 세로 한다. 陽男과 陰女는 미래 일로 折算하여 3일로써 일 년을 삼는데 이는 하루가 4개월을 주관하고 순행하여 운행하는 것이며, 陰男과 陽女는 과거 일로 계산하는데 역시 3일이 일 년이 되고 하루가 4개월을 주관하고 생월을 따라 거꾸로 역행하여 운행하는 것이다. 예전에는 매달의 초하루로부터 그 날수를 계산했는데, 그 후 술수에 정밀한 자들은 대부분 절기로서 정하게 되었으니 더 좋은 쪽을 따라 쓴 것이다. 五行의 旺, 相, 死, 囚, 休, 廢에 정밀하여 그 통변의 이치를 끝까지 미루어 나갈 수 있다면 오묘하게 되고 또 현묘하게 된다는 말이다.

曇瑩曰: 凡行大運, 逆順推遷, 過去節用陽女陰男, 未來節用陽男陰女. 但管一辰十歲, 約在三日爲年. 推而行之謂之通, 化而裁之謂之變,[36] 變通之理, 得失吉凶之義存焉. 故能爲妙爲玄, 盡善盡美.

담영은 말한다.

무릇 대운을 운행함에 있어서 逆과 順을 따라 옮겨 구해야 하니, 過去節은 陽女와 陰男이 사용하며 未來節은 陽男과 陰女가 사용한다. 다만 一辰을 십 세로 하고 삼 일을 한 해로 삼기로 한다. 미

---

36) 推而行之謂之通, 化而裁之謂之變: 『周易』「繫辭上傳」 十二章에 보인다.

루어 그것을 행하는 것을 通이라 하고, 바꾸어 마름하는 것을 變이라 하니, 변통하는 이치 속에 길흉 득실의 뜻이 있는 것이다. 그러므로 오묘하고 현묘할 수 있으면 지극히 좋고 지극히 아름답다.

> 4. 其爲氣也, 將來者進; 其爲形也, 功成者退.[37] 如蛇在灰, 如鱔在塵.
>
> 그 氣는 장차 오고자 하는 것은 나아가게 하고, 그 形은 功을 이룬 것은 물러나게 한다. 마치 뱀이 재에 있는 것과 같고, 드렁허리가 티끌 속에 있는 것과 같다.

王廷光曰: 太虛寥廓, 一氣往來, 瞬息不停. 陰生乎陽, 於是乎息; 陽生乎陰, 於是乎消. 息自息也, 消自消也. 陰陽錯行於四時之中, 未始有終窮焉.

왕정광이 말했다.

太虛는 고요하고 드넓으며 一氣가 왕래함에 잠시도 멈춘 적이 없다. 음은 양에서 생겨나니 여기서 늘어나고, 양은 음에서 생겨

---

37) 其爲形也, 功成者退: 『낙록자부주』新文豐 本에는 "其爲氣也, 將來者進, 功成者退 其爲形也"로 되어 있는데, 이에 따르면 "그 氣는 장차 오고자 하는 것은 나아가게 하고, 功을 이룬 자는 뒤로 물러나게 한다. 그 形은 마치 뱀이 재에 있는 것과 같고, 드렁허리가 티끌 속에 있는 것과 같다"가 된다. 한편 『珞琭子三命消息賦註』와 『新雕注疏珞琭子三命消息賦』와 『三命通會·消息賦』, 그리고 『연해자평』에는 "其爲氣也 將來者進 功成者退"로 되어 있으며 "其爲形也" 부분이 없다.

나니 여기서 줄어든다. 늘어나는 것은 스스로 늘어나고, 줄어드는 것은 스스로 줄어드는 것이다. 음과 양은 사시 안에서 서로서로 번갈아 운행하여, 일찍이 한 번도 끝나거나 그치는 때가 없었다.

所謂 "將來者進", 如木人得水運, 水之將來以生我木, 木得水之氣以向生, 而可以謀進也.

이른바 "장차 오고자 하는 것은 나아가게 한다" 함은 木人이 水運을 얻은 것과 같으니, 水의 기운이 장차 와서 내 木을 살려주어 木은 水의 기운을 얻어서 생으로 향해 나갈 수 있으므로, 앞으로 나아가게 도모할 수 있는 것이다.

"功成者退", 如木人行火運, 木之生火, 火旣旺而木消矣. 『經』云: "他生我休, 理之自然也."

"공을 이룬 것은 물러나게 한다" 함은 木人이 火運에 움직이는 것과 같으니, 木이 火를 생하므로 火가 왕성해지고 나면 木은 줄어들게 되는 것이다. 『經』에 말하길, "저것이 살면 나는 쉬는 것이 이치의 자연스러움이다"라 하였다.

譬之蛇鱔皆屬火類, 其氣休廢, 而化爲灰塵之物. 是土進而火退, 火之生土, 是不得志而就意.

예컨대 뱀과 드렁허리는 모두 火類에 속해서 그 기운이 休와 廢에 있게 되면 그것이 변화하여서 재나 티끌(먼지) 같은 것이 된다. 이것은 바로 土가 나아가면 火는 물러나는 것이니, 火가 土를 生하므로 부득이하게 자연의 뜻대로 나아가는 것이다.

思而作睿曰聖, 是聖人動則合心而進, 靜則盡理而退. 明五行盈虛之至數, 識三元成敗之相因, 明斯正性, 復斯常道. 功成名遂身退, 天之道也.

생각함에 있어서 깊고 밝은 것을 '聖'이라 하니, 이것은 聖人이 움직임에 있어서는 합심하여 앞으로 나아가고, 고요함에 있어서는 이치를 다하면서 뒤로 물러나는 것이다. 五行이 盈虛하는 지극한 수를 밝히 알고, 三元의 成敗가 서로 원인을 이루는 것을 잘 알아서, 이 올바른 性을 밝히고 이 항상하는 道를 회복한다. 공을 이루고 명성을 얻으면 몸이 뒤로 물러나는 것은, 하늘의 올바른 이치이다.

李仝曰: 諸家之註, 至此俱不明其理. 此言五行之爲氣也, 播於四時. 故言 "將來者進, 功成者退", 謂五行之氣.

이동이 말했다.
제가의 주석이 여기에 이르러서는 모두 그 이치를 제대로 밝

히지 못하고 있다. 이것은 오행의 기가 네 계절에 펼쳐지는 것을
말한다. 그러므로 "장차 오고자 하는 것은 나아가게 하고, 功을
이룬 것은 물러나게 한다"고 한 것이니 바로 오행의 기를 말한
것이다.

春木旺, 則火相土死金囚水休也. 夏火旺, 則土相金死水囚
木休也. 中央土旺, 則金相水死木囚火休也. 秋金旺, 則水相
木死火囚土休也. 冬水旺, 則木相火死土囚金休也.

봄은 木이 旺한 계절이니, 火는 相하고 土는 死하고 金은 囚하고
水는 休한다. 여름은 火가 旺한 계절이니, 土는 相하고 金은 死하
고 水는 囚하고 木은 休한다. 中央(환절기)은 土가 旺한 계절이니
金은 相하고 水는 死하고 木은 囚하고 火는 休한다. 가을은 金이
旺한 계절이니, 水는 相하고 木은 死하고 火는 囚하고 土는 休한
다. 겨울은 水가 旺한 계절이니, 木은 相하고 火는 死하고 土는 囚
하고 金은 休한다.

五行之用, 循環進退. 人若行運行氣, 每居一辰之數, 相者
旣進, 旺者則退.

오행의 작용은 순환하면서 나아가고 물러난다. 사람에게 있어
서 운과 기의 운행은 매번 일진의 수에 거하게 되는데, 相하는 기

운이 이미 진전했으면 旺하는 기운은 곧 뒤로 물러나게 된다.

言 "如蛇在灰, 如鱔在塵", 喩功成者退也. 蛇·鱔, 火也. 神樞經云: "穴居, 囚死爲土, 休廢爲灰." 巳生人三獸, 爲蛇爲鱔爲蚓. 故知蛇·鱔爲火, 至囚死休廢, 則在塵在灰也.

"마치 뱀이 재에 있는 것과 같고, 드렁허리가 티끌(먼지) 속에 있는 것과 같다"는 이 말은, 공을 이룬 자는 뒤로 물러난다는 것을 비유한 것이다. 뱀과 드렁허리는 火의 기운이다. 신추경에 말하길, "구멍에 사는 것들은 囚나 死의 기운을 만나면 土가 되고, 休나 廢의 기운을 만나면 재가 된다"라고 하였다. 巳年에 태어난 사람은 세 가지 동물로 비유될 수 있는데, 뱀과 드렁허리와 지렁이이다. 그러므로 뱀과 드렁허리가 火의 기운이어서 囚나 死나 休나 廢에 이르면 티끌(먼지)과 재에 있음을 알 수 있다.

曇瑩曰: 其爲氣也, 剛柔相推而生變化. 『易』曰: "變化者, 進退之象也."[38] 將來進者如春夏, 功成退者似秋冬.

담영은 말한다.

그 氣는 강함과 부드러움이 서로 밀어서 변화를 만들어 낸다. 『역』에 말하길 "변화라는 것은 기운이 나아가고 물러나는 것의

---

38) 『周易』 「繫辭上傳」 二章에 보인다.

상이 드러난 것"이라 하였다. 장차 오므로 나아가게 할 것은 봄 여름 같은 것이고, 공을 이루었음으로 물러가게 할 것은 가을과 겨울과 같은 것이다.

得運迎之, 以臨冠帝旺; 失時背之, 以休廢死囚, 則禍福吉凶誠可見矣.

운을 얻어 맞아들임은 臨冠·帝旺이기 때문이고, 때를 잃어 등지는 것은 休廢·死囚이기 때문이니, 참으로 禍福과 吉凶을 살펴볼 수 있다.

灰蛇鱔塵, 翼軫同宮, 皆處巳上, 或同或異. 鱔·蚓爲水土之屬, 居塵必憂; 騰蛇乃灰火之屬,[39) 處灰爲樂. 順其所同則吉, 乖其所趣則凶. 『易』曰: "方以類聚, 物以群分, 吉凶生矣."[40)

灰에 있어야 하는 뱀과 塵에 있어야 하는 드렁허리는 28수 가운데 翼과 軫에 자리를 함께 하니 모두 巳의 자리에 처하지만, 어떤 것은 같고 어떤 것은 다르다. 드렁허리와 지렁이는 모두 水土에 속하므로 티끌(먼지)에서 살게 되면 반드시 근심이 있게 되고, 등사는 灰火(마른 땅)에 속하므로 灰에 처하면 즐겁다. 공유하는

---

39) 屬:『낙록자부주』新文豐 本에는 "神"으로 되어 있다.

40) 方以類聚, 物以群分, 吉凶生矣.:『周易』「繫辭上傳」一章에 보인다.

바를 따르면 길하고, 나아가고자 하는 바와 어그러지면 흉하다. 『역』에 말하기를 "비슷한 것끼리는 모이고, 사물은 떼를 지어 나누어지니 吉凶이 생겨난다"라고 하였다.

---

5. 其爲有也, 是從無而立有; 其爲無也, 天垂象以爲文.

(오행은) 그 有됨은 無로부터 有를 세운 것이고, 그 無됨은 하늘이 드리운 象을 文으로 여긴 것이다.

王廷光曰: 太易未判, 萬象同體. 一氣之運, 伸於東南, 屈於西北, 而有無孰爲此者, 物之自然也. 自無言之, 無則入隱而未顯; 自有言之, 有則有象而可名.

왕정광이 말했다.

위대한 역이 아직 나누어지지 않았을 때, 萬象이 同體였다. 一氣의 運이 동남에서 뻗으며 (無가 움직여 有를 만들고) 서북에서 구부려 (有가 극에 달하여 無로 돌아가니), 누가 이 有無를 만드는가? 만물이 스스로 그러한 것이다. 無에서 말하자면 無는 은미한데 들어 있어 아직 드러나지 않은 것이고, 有에서 말하자면 有는 象이 있음으로 이름할 수 있는 것이다.

蓋五行乃萬物之本, 氣性流行, 錯而致用. "其爲有也", 事

類相感, 禍福之變發而未萌. 太空生陰陽, 陰陽生五行, 是無
從此而有者也. "其爲無也", 則以德治氣, 鑄金鈞聲, 太初七
明, 會於牽牛. 漢元年五星聚於東井, 上天垂象, 列五星爲文.
其謂五行或有或無之說, 使元徹之士以智取之.

대체로 오행은 만물의 근본이며, 기의 성질은 流行하여 서로
섞여서 쓰임을 이룬다. "그 有됨"이란, 같은 종류의 사물들이 서
로 감응하여 禍福의 변화가 움직였으나 아직 드러나지 않은 것이
다. 太空에서 음양이 생기고 음양에서 오행이 생겨나니, 이것은
無가 여기서부터 有가 되는 것이다. "그 無됨"이란, 덕으로 기를
다스리고 금을 주조해 소리를 고르게 하여 태초에 七明이 牽牛星
에서 만나는 것이다. 한나라 원년 오성이 東井宿에 모였는데, 하
늘은 象을 드리우고 오성이 열을 지어 文을 이룬 것이다. 혹 있기
도 하고 혹 없기도 한 오행에 대해, 현묘하고 미묘함을 좇는 술
사로 하여금 지혜로써 취하라고 말한 것이다.

李仝曰: 此正明有五行. 若言其無, 則又有金木水火土五星
垂象爲文, 豈云無也?

이동이 말했다.
이것은 바로 오행이 있음을 밝힌 것이다. 만일 없다고 한다면, 금
목수화토 오성이 상을 드리워 무늬를 이루니 어찌 없다 하겠는가?

曇瑩曰: 播物之初, 孰爲之有? 太極之後, 誰爲之無? 蓋有
出於無, 無生於有. 在天成象, 在地成形, 變化見矣.41)

담영은 말한다.

만물이 펼쳐지는 처음에는 누가 有를 만드는가? 태극이 있고
난 후에는 누가 無를 만드는가? 대체로 有는 無에서 나오고, 無는
有에서 생겨난다. 하늘에서는 象을 이루고 땅에서는 형을 이루니
변화가 나타난다.

> 6. 其爲常也, 立仁立義; 其爲事也, 或見或聞.
>
> (오행은) 그·떳떳함이 됨에는 仁을 세우고 義를 세우며, 그 일
> 삼음에는 혹 보이거나 혹 들린다.

王廷光曰: 揚子42)曰: "道以道之, 德以德之, 仁以仁之, 義
以義之, 禮以禮之, 天也. 合則從, 離則散." 老氏謂: "失道而
後德, 失德而後仁, 失仁而後義, 失義而後禮."43)

---

41) 在天成象, 在地成形, 變化見矣.: 『周易』 「繫辭上傳」 一章에 보인다.

42) 揚子(B.C.53~18): 字는 子雲이며 이름은 揚雄으로, 蜀郡 成都 사람이다. 漢代 사람으로 훈고에
밝았고 경학은 물론 문학에도 조예가 깊어 「甘泉賦」 등의 작품이 남아 있다. 특히 『爾雅』를 본뜬
『方言』 10권, 『論語』를 본뜬 『法言』, 『周易』을 본뜬 『太玄』은 지금까지 널리 알려져 있다. 周易
을 81괘로 만들고 太玄易이라 하였다. 雜家 또는 儒家로 분류된다. 임동석, 『中國學術槪論』, 전통
문화연구회, 2002, p.278; 兩漢 時代 易學 경향 중에 '道家黃老之學'과 결합하여 陰陽 變易을
천명하는 학설을 대표하는 이로 嚴君平과 揚雄이 있었다. 엄군평의 제자인 양웅은 『周易』과 『道
德經』을 서로 결합시킨 『太玄經』을 저술하였다. 廖名春·康学伟·梁书弦, 『周易研究史』, 湖南出
版社, 1991.

왕정광이 말했다.

양웅이 말하길, "道로써 길을 삼게 하고, 德으로써 덕이 되게
하며, 仁으로써 어질게 하고, 義로써 의롭게 하며, 禮로써 예를 행
하게 하는 것이 하늘이다. 이와 합치되면 따르고 위배되면 흩어
진다" 하였다. 노자는 말하길, "道를 잃은 뒤에 德이 나오고, 德을
잃은 뒤에 仁이 나오며, 仁을 잃은 뒤에 義가 나오고, 義를 잃은
뒤에 禮가 나온다"고 하였다.

揚氏所謂五常, 合於道者也; 老子所謂五常, 離於道者也.
然以合離之義言之, 其道一也, 語道之全, 無不在矣.

양웅이 말한 오상은 도에 합치하는 것이고, 노자가 말한 오상은
도를 벗어난 것이다. 그러나 離合의 뜻으로 보자면 도는 하나이니,
전체적인 도로 말하자면 도는 없는 곳이 없다.

夫天一以生水, 水爲精而精無雜, 所以主智, 智不仁也.

대저 一인 天이 水를 생하는데, 水는 精이 되고 精은 잡됨이 없
으므로 智를 주관하게 되니, 智는 仁하지 않다.

地二以生火, 火爲神而神無息, 所以主禮, 禮不義也.

二인 地는 火를 생하는데, 火는 神이 되고 神은 쉼이 없으므로 禮를 주관하게 되니, 禮는 義하지 않다.

天三以生木, 木爲魂而魂無因, 所以主仁, 仁不智也.

天은 三으로써 木을 생하는데, 木은 魂이 되고 魂은 구속이 없으므로 仁을 주관하게 되니, 仁은 智하지 않다.

地四以生金, 金爲魄而魄無相, 所以主義, 義爲權也.

地는 四로써 金을 생하는데, 金은 魄이 되고 魄은 相이 없으므로 義를 주관하게 되니, 義는 權이 된다.

天五以生土,[44] 土爲意而意無旺, 所以主信, 信不變也.

天은 五로써 土를 생하는데, 土는 意가 되고 意는 왕성함이 없으므로 信을 주관하게 되니, 信은 변하지 않는다.

五行用而爲五常, 則道德仁義, 在乎其中. 故曰 "其爲常也, 立仁義"者歟.

五行의 쓰여서 五常이 되니 道德과 仁義가 그 가운데에 있다. 그

---

44) 天一以生水, 地二以生火, 天三以生木, 地四以生金, 天五以生土: 『漢書五行志』와 『周易』 「繫辭上傳」 十一章에 보인다.

래서 "그 떳떳함이 됨에는 仁을 세우고 義를 세운다"고 한 것이다.

五行達爲五事: 一曰貌, 二曰言, 三曰視, 四曰聽, 五曰思.

五行이 드러나 五事가 되는데, 첫째는 외모이고, 둘째는 말이고, 셋째는 보는 것이고, 넷째는 듣는 것이고, 다섯째는 생각하는 것이다.

貌曰恭, 言曰從, 視曰明, 聽曰聰, 思曰睿.

외모는 공손해야 하고, 말은 이치를 따라야 하고, 보는 것은 밝아야 하고, 듣는 것은 총명해야 하고, 생각하는 것은 슬기로워야 한다.

恭作肅, 從作乂, 明作哲, 聰作謀, 睿作聖.

공손함은 엄숙함을 만들고, 이치를 따름은 조리 있음을 만들며, 밝음은 지혜를 만들고, 총명함은 꾀를 만들고, 슬기로움은 성인을 만든다.

天之五事, 獨思而作睿曰聖者 何也? 蓋土處中宮, 周徧無際, 五行萬物皆歸之, 而分體用. 厚德載物, 居中不用者, 土之體也; 散在四維, 各旺一十八日者, 土之用也.

하늘의 五事에서 유독 생각하는 것[思]이 슬기로움을 만들고 성인이 되는 것은 무엇 때문일까? 대체로 土는 中宮에 처하여 두루 미치고 끝이 없기 때문에 五行 萬物이 모두 귀의하는데, 體와 用이 나뉜다. 厚德하여 만물을 싣고 가운데 머물면서 쓰이지 않는 것은 土의 체이고, 四維에 흩어져 있으면서 18일 동안 왕성한 것이 土의 用이다.

土稟沖和, 氣之所散而爲稼, 歛而爲穡, 萬物歸根復命.45) 然後無思之思, 無爲之爲, 寂然不動, 感而遂通,46) 故謂之 "聖"也.

土는 충화의 기를 품부 받아서, 그 기운이 흩어지면 곡식을 심고 모이면 곡식을 거두니, 萬物이 근본에 돌아가 명을 회복한다. 그런 뒤라야 생각하지 않아도 생각하게 되고 하려고 하지 않아도 하게 되어, 고요히 움직이지 않고도 저절로 느껴 통하게 되니, 그래서 "聖"이라고 하였다.

"聖"字從'耳'以聽之, 從'口'以命之, 思以成之, 故終之於土.

"聖"자는 '耳'로 듣고 '口'로 명령하며 생각하여 이루니, 따라서 土에서 마무리한다.

---

45) 復命: 『道德經』 上篇 十六章에 보인다.
46) 寂然不動, 感而遂通: 『周易』 「繫辭上傳」 十章에 보인다.

五常·五事皆五行之變化, 與人事相通, 人之情性·去就·
見聞·動靜, 皆不逃乎此數. 故曰 "其爲事也, 或見或聞."

　　五常과 五事는 모두 五行의 변화로 사람의 일과 서로 통하니, 사
람의 情性과 去就와 見聞과 動靜 모두가 이 수에서 벗어날 수가 없
다. 그래서 "그 일삼음에는 혹 보이거나 혹 들린다"고 한 것이다.

　　李仝曰: 言五行爲五常也, 木爲仁, 金爲義, 火爲禮, 水爲智,
土爲信, 立五常也. 言五行爲五事, 視聽言貌思爾. 是五行之
事, 原在見聞之中也.

　　이동이 말했다.

　　오행이 오상이 됨을 말한 것이니, 木은 仁이 되고 金은 義가 되
고 火는 禮가 되며 水는 智가 되고 土는 信이 되어 五常을 세운다.
오행이 오사가 됨을 말한 것이니, 보는 것, 듣는 것, 말하는 것,
외모로 나타나는 것, 생각하는 것이다. 이 五行의 일은 원래 보고
듣는 가운데에 있다.

　　曇瑩曰: 陰陽二氣, 彌滿六合, 物物得之, 況於人乎? 雖金
木水火土之用, 則宮商角徵羽在是而已矣. 其爲五常也, 仁義
禮智信, 其爲五事也, 視聽言貌思, 可知也.

담영은 말한다.

陰陽 二氣가 천지 사방에 두루 가득하여 사물마다 그 기운을 얻는데 하물며 사람이겠는가? 비록 金木水火土에 쓰이더라도 宮・商・角・徵・羽가 거기에 있는 것이다. 그것이 五常이 되면 仁・義・禮・智・信이고, 五事가 되면 視・聽・言・貌・思라는 것을 알 수 있다.

---

7. 崇爲寶也, 奇爲貴也. 將星扶德, 天乙加臨, 本主休囚,
　　行藏汨没.

'崇'은 寶가 되고 '奇'는 貴가 된다. 將星으로 덕을 돕고 天乙이 임하여도, 本主가 休囚하면 행로가 어려움에 빠지게 된다.

王廷光曰: 崇者, 卑之反; 奇者, 耦之對. 物以積而高之爲崇, 在五行, 上生下者是也; 物以無與耦之爲奇, 在五行, 異而不羣者是也.

왕정광이 말하였다.

'崇'은 비천함의 반대이며, '奇'는 짝을 이룸의 반대이다. 만물은 쌓아서 높이면 崇이 되니, 오행에서 위가 아래를 낳는 것이 이것이며, 만물은 짝이 없는 것이 奇가 되니, 오행에서 특이하여 무리에 섞이지 않는 것이 이것이다.

年·月·日·時四柱有五行上生下曰崇也. 或更帶官印·祿
馬·學館·詞源·天德·生氣·貴神·符合, 則斯人也必爲
間世之寶器耳.

연·월·일·시 사주에 오행이 위가 아래를 낳음이 있는 것을
'崇'이라 한다. 혹 그 위에 官印·祿馬·學館·詞源·天德·生氣·
貴神·符合을 띠고 있다면, 그 사람은 반드시 세상에 보기 드문
보배로운 그릇이 된다.

三奇者, 乙丙丁, 甲戊庚. 是四柱五行得吉煞生旺, 於祿馬
中, 帶三奇印綬·天德·貴神之感格, 斯命也必致身於貴顯
耳. 故曰 "崇爲寶也, 奇爲貴也."

삼기란 (地下三奇인) 乙丙丁과 (天上三奇인) 甲戊庚이다. 이것은
四柱의 五行이 吉煞의 生旺을 얻어서, 祿馬 가운데 三奇의 印綬·天
德 貴神이 感格함을 띤 것이니, 이 命은 반드시 몸이 귀하게 현달
될 것이다. 그래서 "'崇'은 寶가 되고 '奇'는 貴가 된다"고 말한 것
이다.

"將星扶德, 天乙加臨"者, 驛馬後二辰, 謂之將星, 其上更
加之天乙天德, 兼遇崇奇祿馬, 則所謂出將入相之格也.

"將星으로 덕을 돕고 天乙이 임한다"는 말을 보자면, 驛馬 뒤의

二辰을 將星이라 하는데, 그 위에 재차 天乙·天德이 더해지고 겸하여 崇奇한 祿馬를 만난 것이니, 이른바 出將入相 格이다.

"本主休囚"者, 以年爲本, 以日爲主. 其謂本主者, 蓋遁月從年而爲本, 遁時從日以爲主, 起節時以年日爲本主也. 人生主本在乎五行旺相之處, 加以諸貴神從之, 則貴富其可知矣. 或五行休囚死絶, 又背祿馬貴神, 徒有崇寶奇貴, "將星扶德, 天乙加臨", 亦不免於 "行藏汨没"也.

"本主가 休囚"라는 말을 보자면, 年으로 本을 삼고 日로 主를 삼는다. 本主라는 것은 대체로 月은 숨기고 年을 따라서 本으로 삼고, 時는 숨기고 日을 따라서 主로 삼아, 時節을 일으킴에 年과 日로써 本主를 삼는 것이다. 사람이 태어날 때 本主가 五行의 旺相에 있고, 더하여 모든 貴神이 따르면 그 貴富를 알 수 있다. 혹 五行이 休囚·死絶되고 祿馬貴神이 등지면, 崇寶奇貴가 있고 "將星이 덕을 도우며 天乙이 임하더라도", 또한 "행로가 어려움에 빠지는" 것을 면할 수 없다.

譬之甲子年乙亥月戊子日庚申時命. 甲子自死之金, 當生受乙亥絶火之制, 加以戊子日爲本命之鬼, 金火主本皆在亥子而休囚, 庚申時又逢祿絶之鬼. 雖有甲戊庚之三奇, 而其主本休囚, 縱有小官, 此命亦不免一生行藏汨没. 故知命以五行爲先, 神殺則從而次之矣.

예컨대 甲子年(納音金 自死) 乙亥月(納音火 自絶) 戊子日(納音火 自胎) 庚申時(納音木 自絶) 命이라 하자. 본명인 甲子는 自死 金으로서 當生에 乙亥 自絶 火의 制를 받는데 이에 더하여 本命의 鬼가 되는 戊子 火의 制를 또 받게 되니 金과 火인 主와 本은 모두 亥와 子에서 休囚 되었으며, 庚申 時 역시 祿絶의 鬼를 만나게 된다. 비록 甲戊庚의 三奇가 있을지라도 主本이 休囚되었으므로, 작은 벼슬은 할 수 있지만 이 명은 또한 一生 동안 행로가 어려움에 빠짐을 면할 수 없다. 그러므로 命을 아는 데는 五行을 우선으로 하며, 神殺은 그다음이 되는 것이다.

李仝曰: 凡上生下爲寶, 故云 "崇爲寶也." 下生上爲義, 上剋下爲制, 下剋上爲賊, 上下比爲專, 蓋以干爲上, 以支爲下.

이동이 말하였다.

무릇 위가 아래를 낳는 것이 '寶'이니, 그래서 "'崇'은 寶가 된다"고 한 것이다. 아래가 위를 낳는 것이 '義'이며, 위가 아래를 이기는 것이 '制'이고, 아래가 위를 이기는 것이 '賊'이며, 위아래가 비등한 것은 '專'이다. 대체로 干을 위라 하고 支를 아래라고 한다.

若遇寶與義, 是一生有福人. 遇制宜行威武, 遇賊多有橫事,

宜防愼其所得. 惟遇比和則一, 三奇乙丙丁又甲戊庚是也, 生
遇多富貴. 故云 "奇爲貴也."

만약 寶와 義를 만나면, 이는 一生에 福이 있는 사람이다. 制를
만나면 마땅히 威武를 행해야 하고, 賊을 만나면 橫事가 많으니
얻는 바를 삼가고 지켜야 한다. 오직 比和를 만나면 專一하니, 三
奇인 乙丙丁과 甲戊庚이 이것이며, 살아서 만나면 富貴가 많다. 그
러므로 "'奇'는 貴가 된다"고 한 것이다.

不論陽男陰男・陽女陰女, 皆取本命衝前辰爲將星.[47] 假
令丙寅男在八月生, 此謂生月遇將星, 兼是天乙貴人之位. 若
更遇天德月德祿馬, 尤爲貴也. 卷末有例, 此復釋上文, 雖遇
三奇, 又 "將星扶德, 天乙加臨", 謂胎月爲主, 生月爲本. 若
本主在於休囚之位, 則行藏汨沒沉滯也. 然亦更看日時如何,
此擧其一隅也.

陽年에 태어난 남자와 陰年에 태어난 남자, 陽年에 태어난 여자
와 陰年에 태어난 여자를 물론하고, 모두 本命이 충하는 辰의 앞
이 將星이 된다. 가령 丙寅生 남자가 八月에 태어났다면, 生月에서
將星을 만났고 겸하여 이것은 天乙貴人의 자리라고 말한다. 만약
재차 天德・月德・祿馬를 만나게 되면 더욱 귀하다. 권말에 예가

___

47) 衝前辰爲將星: 『新雕注疏珞琭子三命消息賦』에는 "衝前二辰爲將星"으로 되어 있다. "二"字가
빠진 듯하다.

있지만 上文을 다시 해석하여, 비록 三奇를 만나고 또 "將星이 덕을 돕고 天乙이 임하더라도" 胎月이 主가 되고 生月이 本이 됨을 말하였다. 만일 本主가 休囚의 자리에 있다면 행로가 어려움에 빠지고 침체된다. 하지만 또한 日時가 어떠한가를 다시 살펴야 하니, 이는 그중 한 가지를 든 것이다.

假令丙寅命十一月受胎, 八月生, 二火. 胎月汩没[48]於子, 丙火[49]死休於酉, 乃甲子旬無戌亥, 幼年便行空亡運, 雖有諸貴神爲救, 凶多吉少. 若運到吉處, 亦不全福, 雖生於財馬旺鄕, 不至甚美. 此珞琭子消息之妙也.

가령 丙寅 命이 十一月에 胎를 받고(丙子胎月) 八月(乙酉生月)에 태어나면 火가 두 개다. 胎月인 火는 子(胎)에서 汩没하고 丙火는 酉(死)에서 死休되었는데, 甲子 旬에 戌亥가 없어 幼年은 空亡의 運이 행해지니, 비록 모든 貴神의 구함이 있다 하여도 흉이 많고 길함은 적게 된다. 만약 운이 吉處에 있을지라도 복이 온전하지 못하고, 財馬 旺鄕에서 도움을 받을지라도 아주 아름다움에는 이르지 못한다. 이것이 珞琭子 消息의 妙이다.

曇瑩曰: "崇爲寶也, 奇爲貴也." 高而不可以位及, 貴而不

---

48) 汩没: 『新雕注疏珞琭子三命消息賦』에는 "囚没"이라 하였다.
49) 丙火: 『新雕注疏珞琭子三命消息賦』에는 "生月"이라 하였다.

可以價求. 蓋言獨善其身, 如玉如寶.

담영은 말한다.

"崇은 寶가 되고, 奇는 貴가 된다." 높아서 자리로 미칠 수 없고, 귀하여 값으로 구할 수 없다. 대체로 홀로 자신을 착하게 닦아 玉과 같고 보배와 같음을 말한다.

或若 "將星扶德, 天乙加臨", 所謂吉將交臨而福臻成慶也. 然擧將星天乙, 則諸宮吉煞[50] 皆可知矣. 須要明其神煞, 輕重較量, 斯之謂歟!

만약 "將星이 덕을 돕고 天乙이 임하면", 소위 吉將이 번갈아 임하여 복이 이르고 좋은 일이 이루어진다는 것이다. 그런데 將星과 天乙을 들었으니 제궁의 吉煞을 모두 알 수 있다. 모름지기 그 神煞을 분명하게 밝혀 경중을 헤아려야 하니, 이것을 말함일 것이다.

或曰: "明運氣之本, 推虛實之基, 而取其月也." 蓋胎月爲本主之鄕, 故爾若[51] 或生逢衰敗, 早歲孤窮, 其爲 "本主休囚, 行藏汩没"與.

---

50) 諸宮吉煞: 『낙록자부주』新文豐 本에는 "諸官煞"로 되어 있다.
51) 爾若: 『낙록자부주』新文豐 本에는 "兩者"로 되어 있다.

혹은 "운기의 근본을 밝히고 허실의 기본을 추구하는데 그 달을 취한다"고 한다. 대체로 胎月은 本主의 鄕이므로, 당신이 만약 태어날 때 衰敗를 만난다면 어릴 때 孤窮하니, 이는 "本主가 休囚하여 행로가 어려움에 빠져 버린 것이다."

---

8. 至若勾陳得位, 不虧小信以成仁; 眞武當權, 知是大才而分瑞.

가령 土神인 구진이 得位하면 작은 믿음을 이지러뜨리지 않고 仁을 이루고, 水神인 진무가 권한을 잡게 되면 知가 큰 재능이 되어 상서로움을 나누어 갖게 된다.

王廷光曰: 聖人書不盡言, 言之精也; 言不盡意, 意之微也.[52] 斯皆神妙之謂.

왕정광이 말하였다.

성인의 글은 말을 다 나타내지 못하니 말이 정밀하기 때문이고, 말은 뜻을 다 나타내지 못하니 뜻이 은미하기 때문이다. 이는 모두 신묘함을 말하는 것이다.

注云: "以勾陳·眞武二神, 取其宅位, 以決吉凶." 殊不知

---

52) 書不盡言 言之精也 言不盡意 意之微也: 『周易』 「繫辭上傳」 十二章에 보인다.

珞琭子擧此二神, 蓋言水土之性耳. 水土者, 五行變化之本,
四孟受氣. 水土同源, 二物俱生於申也.

　주석에 "勾陳과 眞武 두 신으로 그 자리한 위치를 취하여 길흉
을 결정한다"고 하였다. 낙록자가 이 두 신을 예로 든 것이 대체
로 水・土의 性을 말한 것임을 전혀 알지 못한 것이다. 水・土는
五行 변화의 근본으로, 四孟(사계절의 첫머리인 孟春, 孟夏, 孟秋,
孟冬)이 기를 받는다. 水・土는 원천이 같으니, 두 물질은 모두 申
에서 생긴다.

　勾陳者, 土神也, 至申金鄕, 母居子家, 信而有仁. 『傳』曰:
"信屬土, 義屬金." 土之生金, 信之敎興, 則義之瑞應, 此「鵲
巢」有「騶虞」之應.53) 『易』曰: "安土敦乎仁."54) 故曰 "勾陳
得位, 不虧小信 以成仁"者歟.

　勾陳이란 土神인데, 申金鄕에 이르러 어미가 자식의 집에 거하
니 信하고도 仁이 있다. 『傳』에 이르길, "信은 土에 속하고 義는
金에 속한다"고 하였다. 土가 金을 生하므로, 信의 교화가 일어나
면 義의 상서로움이 응하니, 이것이 『詩經』의 「鵲巢」 편에 「騶虞」
편의 효용이 있는 까닭이다. 『역』에 이르길, "땅에 편안하여 仁에

---

53) 「鵲巢」有「騶虞」之應: 「鵲巢」와 「騶虞」는 『詩經』 「召南」의 편명이다. 毛詩序에 "騶虞, 鵲巢之
　　應也."라는 구절이 있다.

54) 安土敦乎仁: 『周易』 「繫辭上傳」 四章에 보인다.

돈독하다”고 하였다. 그래서 “구진이 得位하면 작은 믿음을 이지
러뜨리지 않고 仁을 이룬다”고 한 것이다.

其 “眞武當權”者, 眞武, 水神也, 至申金鄕, 子居母家. 坐
水之長生學館, 水之所生者飽學多智, 襟抱疏明. 故曰“知是
大才之分瑞.”

“水神인 진무가 권한을 잡는다”는 말을 보자면, 진무는 水神인
데, 申金鄕에 이르러 자식이 어미의 집에 거하는 것이다. 水의 장
생학관에 앉았으니, 물이 나오는 곳이라 배움에 배부르고 지혜가
많으며, 가슴속의 깊이 품은 생각이 탁 트이고 포부가 넓어진다.
그래서 “知가 큰 재능이 되어 상서로움을 나누어 갖게 된다”고
한 것이다.

李仝曰: 此陳六神得位當權則爲美也. 六神者, 如易卦之六
神也.

이동이 말하였다.
이것은 육신이 得位하여 當權하면 아름다움을 말한다. 육신은
역괘의 육신과 같다.

此法十干皆從寅起: 甲乙寅起青龍, 丙丁寅起朱雀, 戊己寅

起勾陳, 庚辛寅起白虎, 壬癸寅起元武.

이 법은 十干이 모두 寅을 따라서 시작한다. 甲乙 寅은 청룡에서 시작하고, 丙丁 寅은 주작에서 시작하고, 戊己 寅은 구진에서 시작하고, 庚辛 寅은 백호에서 시작하고, 壬癸 寅은 현무에서 시작한다.

六神數至未一周, 却從申起, 內有螣蛇一神, 常隨朱雀行之.

육신의 수는 未에 이르러 한 바퀴 돌고 다시 또 申을 따라 일어나는데, 안에는 螣蛇 一神이 있어 늘 주작을 따라 움직인다.

言 "勾陳得位"者, 戊己人生於七月, 母在子鄉, 有信而仁. "眞武當權"者, 壬癸人生於七月, 又爲學堂, 故有大才, 分得瑞氣也.

"土神인 구진이 得位"하는 것은 戊·己 人이 칠월에 태어난 것으로, 어미가 자식의 고향에 있으니 믿음이 있고도 인자하다는 것이다. "水神인 진무가 권한을 잡는" 것은 壬·癸 人이 칠월에 태어난 것으로, 또 학당이 되므로 출중한 큰 재능이 있고 瑞氣를 나눠 가진다는 것이다.

曇瑩曰: 勾陳爲土之將, 其於常也爲信; "眞武當權", 乃水

之神, 其於常也爲智. 信也者足以達於聖, 智也者足以撰其道,
五行之用, 獨善於玆.

담영은 말한다.

勾陳은 土의 장수이니 五常에서 信이 되고, "眞武가 권세를 잡으면" 水의 신이니 五常에서 智가 된다. 信이라는 것은 족히 성스러움에 이르고, 智라는 것은 족히 도를 가질 수 있으니 五行의 쓰임은 여기에서 홀로 자신의 착함을 닦는다.

是故金木惡其生旺, 水土不嫌死絶. 或若生居旺地, 福德加臨, 可謂得位當權, 出羣之器.

따라서 金·木은 그 生旺함을 미워하지만, 水·土는 死絶도 싫어하지 않는다. 만약 旺地에 태어나 살면서 福德이 더해지면, 지위를 얻고 권세를 잡아 무리에서 뛰어난 큰 그릇이라 말할 수 있다.

---

9. 不仁不義, 庚辛與甲乙交差; 或是或午非, 壬癸與丙丁
   相畏.

不仁하고 不義한 것은 庚辛과 甲乙이 서로 어긋나서이고, 혹은 맞고 혹은 틀린 것은 壬癸와 丙丁이 서로 두려워해서이다.

王廷光曰: 五行之爲物, 其相生也, 所以相治也. 方其相生,
則生生而不窮; 及其相治, 則禍福相半.

왕정광이 말하였다.

오행은 만물을 이루면서 서로 생하며, 그래서 서로 다스린다.
바야흐로 相生하면 낳고 또 낳아 다함이 없고, 相治함에 이르러서
는 화복이 서로 반이 된다.

是故甲乙爲東方之木, 庚辛爲西方之金, 彼其自有仁義之理
存焉. 丙丁爲南方之火, 壬癸爲北方之水, 彼其自有是非之義
存焉. 何以言之?

그러므로 甲・乙이 동방의 木이 되며 庚・辛이 서방의 金이 되
니, 거기에는 스스로 仁・義의 이치가 존재한다. 丙・丁은 남방의
火가 되고 壬・癸는 북방의 水가 되니, 거기에는 스스로 是非의
이치가 존재한다. 왜 이렇게 말하는가?

凡陽庚合於陰乙, 陰辛合於陽甲, 則木榮金生曰耦. 合之則仁
義兼濟, 剛柔相乘, 陰陽沖和, 庚辛甲乙不相交差也.

무릇 陽庚이 陰乙과 합하고 陰辛이 陽甲에 합하면, 木은 영화롭
고 金은 살아나니 일컬어 짝이 맞는다고 한다. 합이 들면 仁義가
함께 행해지고 剛柔가 서로 태워 주며 음양이 충화하여 庚・辛과

甲・乙이 서로 어긋나지 않는다.

甲見庚, 乙見辛, 木辱金化, 曰孤曰奇. 純陰不長, 純陽不
生, 陰陽不和, 甲乙木不能保仁, 庚辛金不能崇義, 所謂 "不
仁不義, 庚辛與甲乙交差"也.

甲이 庚을 보고 乙이 辛을 보면, 木이 金을 욕되게 하니 '孤'라
하고 '奇'라 한다. 純陰은 자라지 못하고 純陽은 生하지 못하여 陰
陽이 조화롭지 못하면, 甲・乙 木이 仁을 지킬 수 없고 庚・辛 金이
義를 숭상할 수 없으니, 이른바 "不仁하고 不義한 것은 庚辛과 甲乙
이 서로 어긋나서이다"라는 것이다.

"或是或非"者, 陽丙畏於陽壬, 而非畏於陰癸; 陰丁畏於陰
癸, 而非畏於陽壬. 丙見壬, 丁見癸, 謂之祿鬼, 是相畏也. 及
其丙見癸, 丁見壬, 之謂祿官, 非相畏也.

"혹은 맞고 혹은 틀리다"라는 말을 보자면, 陽丙은 陽壬을 두려
워하지만 陰癸는 두려워 않고, 陰丁은 陰癸를 두려워하지만 陽壬
은 두려워하지 않는다는 것이다. 丙이 壬을 보고 丁이 癸를 보는
것을 祿鬼라 하니, 이는 서로 두려워한다. 丙이 癸를 보고 丁이 壬
을 봄에 이르러서는 祿官이라 하니, 서로 두려워하지 않는다.

蓋陰見陰, 二女同居, 其志不同; 陽見陽, 兩男共處, 其性不和, 亦無造化. 故謂之相畏也. 及其男女同, 其志通也, 又何畏之有也? 蓋言壬癸丙丁有是畏非畏之說.

대체로 陰이 陰을 보면 두 여자가 함께 있으니 그 뜻이 같지 않고, 陽이 陽을 보면 두 남자가 함께 있어 그 성정이 화합하지 않으니 역시 만들어 냄이 없다. 그래서 相畏라고 하는 것이다. 남녀가 같이 있으면 그 뜻이 통하니 무슨 두려움이 있겠는가? 대체로 壬·癸, 丙·丁에 두려워하고 두려워하지 않음이 있음을 말한 것이다.

李仝曰: 上文旣先陳六神, 此又消息十干. 各依五子元遁,[55) 見十干憎愛, 我剋爲官. 假令庚辛逢甲乙, 大獲天財, 似傷於仁義, 丙丁逢壬癸, 爲官人爲祿鬼. 故有 "或是或非"之說.

이동이 말하였다.

앞의 글에서 이미 六神에 대해 말하였고 여기서는 또 十干의 消息으로 말하였다. 각각 五子元遁法에 의거하여 十干의 愛憎관계를 보아 판단하는데, 나를 剋하면 官이 된다. 가령 庚·辛이 甲·乙

---

55) '五子元遁法'과 '遁時法'은 모두 같은 내용을 말하는 용어다. 즉, 태어난 날을 알고, 태어난 時의 천간을 모를 때, 천간을 알아내는 방법을 오자원둔법이라 한다. 甲己 日에 태어난 사람은 木의 陽 천간오행인 甲으로 子時(하루의 첫 시작)를 시작하고, 乙庚 日에 태어난 사람은 火의 陽 천간오행인 丙으로 子時를 시작하고, 丙辛 日에 태어난 사람은 土의 陽 천간오행인 戊로 子時를 시작하고, 丁壬 日에 태어난 사람은 金의 陽 천간오행인 庚으로 子時를 시작하고, 戊癸 日에 태어난 사람은 水의 陽 천간오행인 壬으로 子時를 시작하는 법을 말한다.

을 만나면 크게 天財를 얻지만 仁義를 해친 듯하고, 丙·丁이 壬·
癸를 만나면 官人이 되고 祿鬼가 된다. 그래서 "혹은 맞고 혹은
틀리다"라는 말이 있는 것이다.

曇瑩曰: 不仁者, 甲申·乙酉是也; 不義者, 辛卯·庚寅是也.

담영은 말한다.
'不仁'은 甲申과 乙酉를 가리키고, '不義'는 辛卯와 庚寅을 가리
킨다.

凡命遇此一辰, 始可言之. 緣寅申·庚甲之交差, 卯酉·乙辛
之暗戰.

무릇 命이 이 일진을 만날 때 비로소 말할 수 있다. 寅·申과
庚·甲의 交差와 卯·酉와 乙·辛의 暗戰이 있기 때문이다.

丙與56) 壬, 則丙非壬是; 丁逢癸, 則癸是丁非. 子午同然,
巳亥一揆.

丙이 壬과 함께 하면 丙은 非이고 壬은 是이며, 丁이 癸를 만나
면 癸는 是이고 丁은 非이다. 子·午도 동일하고 巳·亥도 마찬가
지이다.

---

56) 與:『낙록자부주』新文豐 本에는 "遇"로 되어 있다.

此法最要, 細而祥之, 則言仁義是非, 百發百中.

이 법은 가장 중요하니, 세밀히 살펴 상세하게 되면 仁義와 是非를 논함에 있어서 백발백중일 것이다.

10. 故有先賢謙己, 處俗求仙, 崇釋則離宮修定, 歸道乃水
府求玄.

그러므로 先賢들은 자기를 겸손하게 낮추어 속세에서 살면서 신선을 구하였으니, 부처를 숭상하면 離宮(절·속세를 떠난 집·法宮)에서 定을 닦았고, 道에 귀의하면 水府에서 현묘함을 구하였다.

王廷光曰: 『易』曰: "天道虧盈而益謙, 地道變盈而流謙, 鬼神害盈而福謙, 人道惡盈而好謙."[57]

왕정광이 말하였다.

『易』에 이르길, "天道는 가득 차면 이지러지게 하여 겸손한 곳에 더하고, 地道는 가득 차면 변하게 하여 겸손한 곳으로 흐르게 하고, 귀신은 가득 차면 해롭게 하여 겸손한 곳에 복을 주며, 人道는 가득 찬 것을 미워하여 겸손한 것을 좋아한다"고 하였다.

---

57) 天道虧盈而益謙 地道變盈而流謙 鬼神害盈而福謙 人道惡盈而好謙: 『周易』地山 謙卦에 보인다.

謙者以德爲主, 以禮爲輔. 德以直心爲主, 故致其內剛; 禮以恭欽爲主, 故致其外柔.

겸손한 사람은 덕으로 주를 삼고, 예로써 보완한다. 덕은 올곧은 마음을 위주로 하므로 그 내면이 강인함을 이룰 수 있고, 예는 삼가고 공경함을 위주로 하므로 그 외면이 부드러움을 이룰 수 있다.

其 "先賢謙己", 能立德輔禮, 安命處順, 依乎中庸, 明於至理.

그 "선현들은 자신을 겸손하게 낮추었다" 하였기에, 능히 덕을 세우고 예를 보완하여 천명에 편안하고 순리에 처하였으며, 중용에 의지하고 지극한 이치에 밝았다.

和於近,58) 達於生, 以至於命也. 順於德, 通於變, 將以盡於性也. 性也者, 理於義, 明於性, 將以窮於理也.

주변과 화합하고 인생에 통달함으로써 命에 이르렀다. 덕을 따르고 변화에 통함으로써 장차 性을 다하려 하였다. 性이란 義로 다스리고 性에 밝은 것이니 장차 이치를 다하려는 것이다.

先賢君子窮理盡性, 修德謙己, 潛光隱耀, 畜藏其德, 不以

---

58) 近: 『낙록자부주』新文豐 本에는 "道"로 되어 있다.

名位 棲於心, 不以聲色動於內.

선현 군자들은 사물의 이치를 궁구하고 타고난 본성을 다하면서 덕을 닦고 자신을 겸손히 하였고, 자신의 뛰어남을 숨기고 감추어 그 덕을 안으로 쌓았다. 명예나 지위를 마음에 두지 않으며, 음악과 女色에 마음이 동하지 않았다.

混俗同塵, 求仙慕道, 急流中能勇退者, 如范‧張之徒[59]是矣. 泛五湖而從赤松子[60]之遊, 所謂 "謙己處俗, 全身遠害" 者歟. 雖然, 似亦歸之於命也. 蓋四柱中有進退神, 五行內得生休氣. 天德會遇, 貴神之所感格者也.

세속과 섞여 함께 먼지를 뒤집어쓰면서도 仙을 구하고 道를 흠모하며, 급류에서 용기 있게 물러난 자는 범려와 장량 같은 이가 바로 그들이다. 오호에 배를 띄운 범려와 적송자의 유람을 따라

---

59) 范張之徒: 漢의 張良과 越의 范蠡는 '큰 공을 세우고 적절한 시기에 때를 맞추어 물러난 인물'들의 대표이다. 자기 역할의 한계를 알아 자기를 낮추고 겸손을 실천한 모델을 상징한다. 범려(范蠡)는 춘추시대 越나라 공신으로 勾踐을 도와 吳나라 왕 夫差를 멸망시킨 후 높은 벼슬까지 올랐으나, 구천의 사람됨이 환난은 함께할 수 있으나 즐거움은 함께 누릴 수 없는 인물임을 알고서, 귀한 자리에 오래 머무는 것을 사양하고 은거 생활에 들어갔다. 장량(張良)은 漢나라 통일의 일등 공신으로, 字는 자방이다. 『史記‧留侯世家』와 『漢書‧張良傳』에서 말하길, '임금의 스승이 되어 萬戶에 봉해지고 列侯가 되었으니 서민으로서 극치를 이룬 것에 만족하고, 이제 내가 더 바라는 것은 인간사를 버리고(願棄人間事) 적송자를 쫓아 놀겠다(欲從赤松子遊)'고 하면서 은퇴하였다. 그 후 '願棄人間事, 欲從赤松子遊'는 공을 이루고 몸은 물러난다는 뜻으로, 또는 은둔하여 仙道를 닦겠다는 뜻으로 비유되어 쓰인다.

60) 赤松子: 적송자는 전설 속의 神仙으로, 神農 때의 雨師였다. 그는 언제나 때에 맞추어 비를 적당하고 알맞게 내리게 하여 백성들과 농작물 모두에 큰 혜택을 주었고 신농씨에게도 많은 자연의 이치를 알려 주었으며, 그 후 천상으로 떠났다고 전해진다. 葛洪(283~343)의 『抱朴子內篇』에 赤松子丹法이 소개되어 있다.

나선 장량은 소위 "자신을 겸손히 한 채 속세에 처하여 몸을 온전히 지키고 해를 멀리한" 사람일 것이다. 비록 그렇지만 이 또한 命으로 돌아가는 것과 같을 것이다. 대체로 사주에 진신과 퇴신이 있음은 오행 내에서 생기와 휴기를 얻는 것과 같다. 천덕이 좋은 운을 만나면 귀한 신이 감응하여 이르는 것이다.

"崇釋則離宮修定"者, 離爲火, 論火則木在其中矣. 火性無息, 息則非火, 火自木生而從木滅.

"부처를 숭상하면 離宮에서 定을 닦는다" 함은, 離는 불이니 火를 말하면 木이 그 가운데 있다. 火의 성질은 쉬지 않으니 그치면 火가 아닌데, 火는 木으로부터 생겨나고 木을 따라서 꺼진다.

『陰符』[61]曰: "火生於木, 水發必剋." 火無形而叶草木以成體. 李虛中[62]論以 "乙亥之火, 不嫌於絶象, 歸而得玄珠", 正所謂也.

---

61) 陰符: 『陰符經』은 작자와 성립시기에 대해 정확한 학설과 자료가 분분하다. 『陰符經』의 출처로는 唐代의 「黃帝陰符經疏序」와 宋代의 「秘藏通玄變化六陰洞微遁甲眞經」으로 나타난다. 하지만 魏晉南北朝시대에서 당대 사이에 성립된 것으로 볼 수 있다. 天地 生長의 변화와 日月星辰의 運行, 陰陽變化와 더불어 인간 활동에 있어서 서로가 相生相盜의 관계로서, 聖人은 天人相合의 道를 파악하여 사람이 하늘의 道를 마땅히 얻어야 한다는 것이며, 治國養生을 마땅히 얻어 오랫동안 보존하는 것이 『陰符經』에 나타난 주요사상이라 할 수 있다. 姜慶求, 「劉一明의 『陰符經註』에 관한 硏究」, 원광대학교 동양학대학원 석사학위논문, 2006.

62) 李虛中(762~813): 唐의 進士로 元和中官이 殿中侍御史에 이르렀으며 字는 常容이다. 韓愈가 그의 墓에 詩를 적음에 "사람의 생년월일로써 일진에 대비하여 장수와 귀천을 미루어 앎이 백에 하나의 실수도 없었다(以人之生年月日所直日辰干支推壽夭貴賤, 百不失一)" 하였다. 저서로는 귀곡자가 찬하고 虛中이 注한 「李虛中命書」 三卷이 전한다. 『中國人名大辭典』, 臧勵龢等編, 商務印書館, 1921년. p.428.

『음부경』에 이르길 "火는 木에서 생기고, 水가 發하면 반드시 극한다"고 하였다. 불은 무형이지만 초목과 어우러져 형체를 이룬다. 이허중이 논한 "乙亥의 火는 絶象을 꺼리지 않고 돌아가서 현주를 얻는다"고 한 것은 바로 이것을 말함이다.

崇釋者, 當觀火木之用, 了知物我兩忘, 以寂化爲本, 湛然入定, 眞實不空, 不立一物, 動中靜也, 慧生定也. 如此則謂 "崇釋則離宮修定"者歟.

佛道를 숭상하는 사람은 火木의 쓰임을 보아야 하고 物我가 兩忘한 것을 분명하게 알아야 하니, 寂化를 근본으로 삼아서 침착하고 고요하게 입정하면, 참된 실상의 세계는 공하지 않아서 一物을 세우지 않고도, 動한 가운데 靜이요, 지혜에서 定[三昧]이 생겨난다. 이와 같으면 "부처를 숭상하면 離宮에서 定을 닦는다"고 할 것이다.

或四柱五行本諸此, 兼之空亡帶德, 六害逢貴, 斯命也則淸高明悟之士, 其可見矣.

혹 사주 오행이 이에 기본하고, 겸하여 공망이 덕을 띠면서 육해가 貴를 만났다면, 이 命은 淸高明悟한 선비임을 알 수 있다.

又論 "歸道乃水府求玄"者, 水者天一而生, 去道末遠, 淵而
靜, 靜而明, 是爲天下之至精. 離無而入有, 親而不尊, 位居
北方, 終藏萬物, 得之者精, 抱一63)而不離亦化.

또 "道에 귀의하면 水府에서 현묘함을 구한다"는 것을 논해 보
자면, 水는 天인 一에서 生하여 道에서 떨어짐이 멀지 않으며, 깊
고도 고요하고 고요하고도 밝으니 천하의 지극한 精이 된다. 無
를 떠나 有로 들어가고 친밀하여도 높지 않으며, 북쪽 방향에 자
리하여 마지막으로 만물을 갈무리하니, 이를 얻은 자는 精하며,
하나를 품어서 떨어지지 않고도 변화할 수 있다.

所以在我水得生氣, 衍萬物而無所由, 命萬物而無所聽. 歸
道者禀水之氣, 奪五行造化, 積之自然, 以致長生.

그러므로 나에게 있는 水가 생기를 얻으면, 만물에 흘러 넘쳐
도 말미암은 바가 없고 만물에 명하여도 들은 바가 없게 된다. 道
門에 귀의한 자가 水氣를 품부 받아 오행 조화를 취하여 자연스
럽게 모아 가면 장생에 이르게 된다.

蓋五行之中, 唯水無死, 死則非水也, 庶幾於道者也. 故曰
"崇釋則離宮修定, 歸道乃水府求玄." 此論僧道之命歸五行有

---

63) 抱一: 『道德經』 上篇 十章에 보인다.

無用, 得之者達, 失之者否, 不專謂修心養性之事而已.

대체로 오행 가운데 오로지 水만이 죽지 않으니 죽으면 수가 아니며, 거의 도에 가까운 것이다. 그래서 "부처를 숭상하면 離宮에서 定을 닦았고, 道에 귀의하면 水府에서 현묘함을 구하였다"고 한 것이다. 이것은 스님의 명이 오행의 유무의 쓰임에 귀착되어서 그것을 얻는 자는 통달하고 잃는 자는 통달하지 못함을 논한 것이지, 전적으로 修心養性하는 일만을 말한 것은 아니다.

李仝曰: 此珞琭雖離五行, 言先賢處俗, 或崇釋氏, 或好仙道, 亦不離五行也. 離爲火, 內屬心臟. 釋敎志論在了悟其心歟.

이동이 말하였다.

여기서 낙록자는 비록 오행을 떠나 선현이 세속에 처한 것을 말했지만, 혹은 석가를 숭배하고 혹은 선도를 좋아한 것이 또한 오행에서 벗어나는 것은 아니다. 離는 火이고 몸에서는 심장에 속하니, 佛敎의 논의는 그 心을 분명히 깨닫는 데 있는 것이다.

『楞嚴經』[64] 云: "若離[65] 前塵, 有分別性, 卽眞汝心." 故

---

64) 楞嚴經: 불교 경전의 하나. 밀교적인 색체가 있지만, 禪宗의 주요 경전으로 총 10권이고, 25圓通法門에 집약되어 있다. 내용으로 보아 인도가 아닌 중국에서 성립되었다고 보며, 僞書라고도 본다. 내용은 마음을 다스림으로써 보리심을 얻게 되고 진정한 경지를 체득하며, 因緣과 萬有에 대한 설명이라 할 수 있다.

65) 若離: 『신조주소낙록자삼명소식부』에는 "道離"라 하였다.

"離宮修定"也.

『능엄경』에 이르길, "만일 앞에 전개되는 경계의 세계를 떠나 분별하는 성품이 있다면 바로 그것이 참된 너의 마음이다"라고 하였다. 그래서 "宮을 떠나 定을 닦는다"고 한 것이다.

坎爲水, 內屬腎.『玉函經』[66]云: "腎者, 引也. 生金之本, 性命之根. 有竅通於舌下, 常生神水, 左曰金津, 右曰玉液." 若能漱咽下灌丹田, 丹田旣滿, 流傳骨髓, 骨髓旣滿, 流傳血脉, 血脉旣滿, 上傳泥丸宮, 反歸於腎. 如日月循環, 旣曰玄珠. 此乃 "歸道者水府求玄"也.

坎은 水가 되고 몸에서는 신장에 속한다.『옥함경』에 이르길, "신장은 끌어들인다. 金을 만드는 근본이며 性命의 뿌리이다. 혀 밑에 통하는 구멍이 있어 항상 神水를 만드는데 좌측을 金津이라 하고 우측을 玉液이라 한다"고 하였다. 만약 목구멍을 헹군 뒤 아래로 단전에 물을 댈 수 있게 되면, 단전이 채워지고 나서 골수로 흐르고, 골수가 채워지고 나서 혈맥으로 흐르며, 혈맥이 채워지고 나서 위로 니환 궁인 뇌에 전해졌다가 다시 신장으로 돌아온다. 마치 日月이 순환하는 것과 같으므로 현묘한 구슬이라고 했다. 이 것이 "道에 귀의한 자는 水府에서 현묘함을 구한다"는 것이다.

---

66) 「玉函經」:「金匱玉函要略」三卷을 이른다. 後漢의 長沙太守 張機(字仲景)가 지은 醫書.「金匱玉函經」八卷『續修四庫全書한글索引集』, 김쟁원, 신성출판사, 2004.

曇瑩曰: 仁義每乖於得失, 是非常絆於榮枯, 於是日用不知, 曾無休息. 故有 "先賢謙己, 處俗求仙", 割愛辭親, 少私寡慾, 崇釋以滅心之火, 歸道乃益腎之精.

담영은 말한다.

仁義는 매양 得失에서 어긋나고 是非는 항상 榮枯와 얽히니, 그래서 날마다 사용하여도 알지 못하나 일찍이 그치는 바가 없었다. 그래서 "선현은 자신을 겸손히 하고 속세에서 살면서 신선을 구함"이 있었으니, 사랑을 끊고 어버이를 떠나 이기심을 줄이고 욕심을 적게 하고서, 부처를 숭배하여 마음의 불을 끄고 도문에 귀의하여 신장의 정기를 더하였다.

內守精神, 外除妄想, 達物我非有, 明色究竟空者, 莫非是也.

안으로는 정신을 지키고 밖으로는 망상을 제거하며, 物我가 有가 아님에 통달하고 色이 결국 쏜임을 분명히 아는 자라면 이러하지 않은 사람이 없었다.

11. 是知五行通道, 取用多門. 理於賢人, 亂於不肖; 成於
妙用, 敗於不能.

이는 五行이 道에 통하며, 취하여 씀에 여러 방법이 있음을 아
는 것이다. 賢人에게서 다스려지고 不肖한 자에게서 어지럽혀
지며, 妙用이 있는 자에게서 이루어지고 무능한 자에게서 낭패
를 본다.

王廷光曰: 道藏於冥冥之中, 混然無形. 運行乎天地之間,
不可以一體而言之者, 五行也.

왕정광이 말하였다.

도는 어둑어둑함 속에 감추어져 있으며 혼연히 형상이 없다.
천지 사이에 運行하여 하나의 體로 말할 수 없는 것이 五行이다.

自春至夏出而顯, 自秋至冬歛而藏. 六合之內物, 無洪纖巨
細, 皆五行之造化, 與道之相盪也如此.

봄부터 여름까지는 나타나 드러나고, 가을부터 겨울까지는 거
두어 갈무리한다. 六合 안의 만물은 크고 작음을 가릴 것 없이 모
두 五行의 조화이니, 도와 더불어 서로 호탕하게 움직임이 이와
같다.

然道無乎不在, 物無乎非道.「洪範」67)論五行相代旺廢, 鬼
神之所以寓之天地之間, 運四時往來而無窮者也.

그런데 道는 있지 않은 곳이 없고 만물은 道가 아님이 없다.「洪
範」에서 五行이 서로 대신해 旺하고 廢함을 논하였는데, 鬼神이
天地 사이에 깃들어 있으면서 四時가 往來하여 무궁하게 움직이
게 하는 작용이다.

太極言天地之父, 太極言天地之母. 五曰天之中數, 五氣得
之然後成象. 五行有成理, 有常性, 有正命. 順其成理, 達其
常性, 以受正命. 是知五行變化通乎大道, 何所不該也?

太極은 天地의 아버지요, 太極은 천지의 어머니이다. 5는 하늘
의 中數이니, 5氣를 얻은 후에야 象을 이룬다. 五行에는 成理가 있
고, 常性이 있으며, 正命이 있다. 그 成理를 따르고 常性에 통달하
여 正命을 받는다. 이는 五行의 변화가 大道에 통함을 아는 것이
니, 어느 곳인들 해당되지 않겠는가?

蓋其取用不一, 故謂 "多門." 且如丁卯火人剋癸酉金爲財,

---

67) 洪範:「洪範」은 『書經』의 篇名으로, 殷末 箕子가 周初 武王에게 전한 '洪範九疇'를 말한다. 일반
적으로 思想史的 根源性과 儒家 思想의 核心的 理念이 내포되어 있다. 天命 · 正命 · 종교적 王道
政治的 내용으로서의 五行과 九疇가 설명되어 있으며, 정치 도덕의 기본법칙이 되어 왔고 帝王
學의 정수로 존숭되어 왔다. 南明鎭,「洪範思想研究」, 『논문집』 3-1, 충남대학교 인문과학연구소,
1976.

常流所知者, 火之剋金, 而不知金之復能銷火者, 何也? 蓋丁
卯乃自敗之火以爲體, 而至酉已死矣. 力不能勝癸酉自旺之金,
火復爲金之所制, 此所謂"財化爲鬼"者歟.

대체로 五行은 취하여 씀이 한 가지가 아니므로 "여러 방법이
있다"[多門]고 하였다. 가령 丁卯(自敗 火) 火人이 癸酉(自旺 金) 金
을 극하여 財가 되었을 때, 일반적으로 아는 것은 火剋金이며, 金
이 다시 火를 녹여 없앨 수 있음을 알지 못함은 어째서인가? 대
체로 丁卯는 自敗 火로 體가 되고 酉에 이르면 死가 된다. 힘으로
癸酉 自旺 金을 이길 수가 없어서 火가 다시 金의 制를 받게 되니,
이것이 이른바 "財가 바뀌어 鬼가 되었다"는 것이다.

斯理自非元悟之士, 豈能與此? 是故賢者得之, 能窮理盡
性, 釋五行之妙用; 愚者失之, 終亦自昧而無所得. 能者成之
而取福, 不能者敗之以取禍. 故曰 "理於賢人, 亂於不肖; 成
於妙用, 敗於不能"也.

이러한 이치는 스스로 깊이 깨달은 선비가 아니면 어찌 여기
에 참여할 수 있겠는가? 그러므로 賢者는 이것을 얻어 窮理盡性하
여 五行의 妙用을 풀어낼 수 있고, 愚者는 이것을 잃어 결국은 스
스로 몽매하여 얻는 바가 없다. 유능한 자는 그것을 이루어 福을
받고, 무능한 자는 그것에 패하여 禍를 입는다. 그래서 "賢人에게

서 다스려지고 不肖한 자에게서 어지럽혀지며, 妙用이 있는 자에게서 이루어지고 무능한 자에게서 낭패를 본다"고 한 것이다.

李仝曰: 此承上文而發端, 言五行無所不通, 各隨其趣, 故 "取用多門也."

이동이 말하였다.

이것은 앞 단락을 이어 실마리를 연 것으로서, 五行은 통하지 않는 곳이 없으며 각기 그 취향을 따르므로 "취하여 씀에 여러 방법이 있음"을 말한 것이다.

賢者識其遠者大者故理, 不賢者失其小者近者故亂也. 能用 則妙, 不能則敗也.

賢者는 멀고 큰 것을 알기 때문에 다스려지고, 不賢者는 작고 가까운 것에서 실수하기 때문에 어지럽게 된다. 잘 쓸 수 있으면 妙하고, 잘 쓰지 못하면 敗한다.

曇瑩曰: 天道在於和, 德在於順, 義在於理. 和於道者, 將 以知命也; 順於德者, 將以盡性也; 理於義者, 將以窮理也. 和則不悖矣, 順則不逆矣, 理則不亂矣.

담영은 말한다.

天道는 조화에 있고 德은 따름에 있으며 義는 이치에 있다. 道
에 조화로운 사람은 장차 命을 알게 되고, 德에 따르는 사람은 장
차 性을 다하게 되며, 義에 이치를 부여하는 사람은 장차 이치를
窮究하게 된다. 조화로우면 도리에 벗어나지 않고, 따르면 거스
르지 않으며, 이치가 있으면 어지럽지 않다.

學而不思, 非所以盡性也; 思而不學, 非所以窮理也.

배우고 생각하지 않는 것은 性을 다하는 방법이 아니고, 생각
하고 배우지 않는 것은 이치를 窮究하는 방법이 아니다.

能窮理又能盡性, 則於命也奚爲哉![68] **故曰 "理於賢人, 亂
於不肖; 成於妙用, 敗於不能."**

窮理할 수 있고 盡性할 수 있으면 命에 대해 무엇을 하겠는가!
그래서 "賢人에게서 다스려지고 不肖한 자에게서 어지럽혀지며,
妙用이 있는 자에게서 이루어지고 무능한 자에게서 낭패를 본다"
고 한 것이다.

---

68) 能窮理又能盡性 則於命也奚爲哉.: 『周易』「說卦傳」一章에 보인다.

┌───┐
│ 12. 見不見之形, 無時不有; 抽不抽之緒, 萬古連綿.   │
│   │
│ 보이지 않는 형상을 보니 (그 형상은) 있지 않은 때가 없었고,   │
│ 뽑히지 않는 실마리를 뽑아내니 (그 실마리는) 만고토록 면면   │
│ 히 이어져 왔다.   │
└───┘

王廷光曰: 聖人虛其心, 則內景洞明, 燭萬物而無所隱. 天
下之理, 幽至於鬼神, 昭然可以見所不見之形矣.

왕정광이 말하였다.

성인은 그 마음을 비우니 내면이 크고 밝아서 만물을 비춤에
숨겨지는 바가 없다. 천하의 이치에 대해서는 그윽한 귀신에 이
르기까지, 훤하게 보이지 않는 형상을 볼 수 있다.

所謂 "見不見之形"者, 言十干祿寄於十二支中, 有見不見
之形存焉. 所言甲祿在寅, 寅爲顯見之祿. 甲不見寅而見戌,
以五子元遁戌見甲戌, 戌爲甲之祿堂, 此所謂不見之祿矣.

소위 "보이지 않는 형상을 본다"는 것은, 十干의 祿이 十二支
가운데 기탁해 있어서 보아도 보이지 않는 형상이 존재함을 말
한다. 甲祿이 寅에 있다는 것은 寅이 밖으로 드러난 祿이 된 것이
다. 甲이 寅을 보지 못하고 戌을 보면, 五子元遁法으로 戌이 甲戌을

보아 戌이 甲의 祿堂이 되니, 이것이 이른바 보이지 않는 祿이다.

甲以辛爲官, 辛祿在酉, 甲受金傷, 酉爲時見之官. 甲不見酉而見未, 謂天官遁甲入羊羣, 蓋未有辛, 此謂不見之官矣.

甲은 辛으로 정관을 삼고 辛의 祿은 酉에 있으니, 甲이 金에 상처를 받으면 酉는 때때로 보이는 정관이 된다. 甲이 酉를 보지 못하고 未를 보면 天官이 甲을 숨겨 양(未)의 무리에 들어간다 하고, 辛이 미처 보이지 않으니 이것을 보이지 않는 정관이라 한다.

十干祿循環乎十二支中, 有見與不見之形, 則無時不有也.

十干 祿이 十二支 가운데서 순환하며 보이는 형상과 보이지 않는 형상이 있으니, 있지 않을 때가 없는 것이다.

"抽不抽之緒", 陽氣生於子, 而旺於卯, 而終於午也; 陰氣生於午, 而旺於酉, 而終於子也.

"뽑히지 않는 실마리를 뽑아낸다" 함은, 陽氣는 子에서 生하고 卯에서 旺하며 午에서 마치고, 陰氣는 午에서 生하고 酉에서 旺하며 子에서 마친다.

蓋陽生則陰死, 陰變則陽化. 子爲孳萌, 午爲長盛, 子午乃陰陽生化之所始終, 無極也. 陰極則陽生, 陽極則陰生, 氣自子午中孚畢.

대체로 陽이 生하면 陰이 죽고, 陰이 변하면 陽이 변화한다. 子는 자애롭게 품어 싹을 틔우고 午는 키우고 무성하게 하니, 子·午는 陰陽이 生化하는 시작과 끝이며 다함이 없는 것이다. 陰이 極에 달하면 陽을 生하고 陽이 極에 달하면 陰을 生하니, 氣는 子·午 가운데서 싹이 나고 마치는 것이다.

抽乾而出, 出入無跡, 往來不窮, 如絲絮之聯綿, 萬古不斷之義耳.

실마리를 뽑아냄에 출입의 흔적이 없고 왕래가 무궁하여, 마치 실이 길게 이어져 나오는 것 같으니 만고토록 끊이지 않는다는 뜻이다.

李仝曰: 『太元經』[69) 云: "以見不見之形, 抽不抽之緒, 與萬類相連也." 作賦者引此, 言推晷刻, 見陰陽之形, 抽出其

---

69) 「太元經」: 원래는 『太玄』인데 淸의 康熙帝의 本名이 玄燁이어서 '玄'字를 대신하여 『太元』으로 표기한다. '元'은 휘(諱)字이다. 前漢의 사상가 揚雄(B.C.53~A.D.18)의 術數類書로 十二卷 四册으로 되어 있다. 『太玄』의 내용은 노자의 天道觀과 陰陽變易 사상을 『易經』·『易傳』 사상과의 결합으로, 세계형성 변화체계를 세운 것이다. 道家黃老學과 『周易』을 융합시킨 것으로 玄妙함이 그 특징이다.

緒, 萬類生死, 更相連襲也.

이동이 말하였다.

『太元經』에 이르길, "보이지 않는 형상을 보고 뽑히지 않는 실마리를 뽑아냄으로써 만물과 서로 연결된다"고 하였다. 이 賦를 지은 사람이 이것을 인용하여, 시각을 추산하고 음양의 형상을 보아 그 실마리를 끌어내니, 만물의 생사가 다시 서로 연결되어 이어짐을 말하였다.

曇瑩曰: 『太元』云 "見不見之形, 抽不抽之緒", 則日遷月變, 暑往寒來, 代廢代興, 更休更旺, 一顯一晦, 一縮一抽, 綿綿若存, 無時不有.

담영은 말한다.

『太元經』에서 "보이지 않는 형상을 보고 뽑히지 않는 실마리를 뽑아낸다"고 하였으니, 날이 가고 달이 바뀌며 더위가 가고 추위가 와서, 번갈아 廢하고 번갈아 興하며 다시 休하고 다시 旺하는데, 한 번은 밝게 드러나고 한 번은 어둡게 가려지며, 한 번은 눌려지고 한 번은 당겨지면서 면면하게 존재하여 있지 않은 때가 없는 것이다.

13. 是以河公[70]懼其七煞, 宣父[71]畏其元辰. 峨眉[72]闡以
   三生, 無全士庶; 鬼谷[73]播其九命, 約以星觀.[74] 今集
   諸家之要, 略其偏見之能, 是以大解曲通, 妙須神悟.

이 때문에 河上公은 七煞을 무서워했고, 孔子는 元辰을 두려워
하였다. 峨眉 선생은 三生을 천명하였으나 보통사람은 알 수
없었고, 鬼谷 선생은 九命에 대해 이론을 펼쳤으되 별을 관찰
하는 것으로 요약하였다. 이제 諸家(하상공·공자·아미·귀
곡자 등 4인)의 요체를 모아 그 치우친 견해 중 能한 점을 요
약하였으니, 이로써 큰 대강이 풀리고 후미진 곳도 통할 것이
지만, 오묘함은 모름지기 신묘하게 깨달아야 한다.

---

70) 河公: 河上公을 가리키며, 西漢 文帝 때 仙人이다.『隋書·經籍志』에 老子『道德經』을 道敎的
   관점에서 注한 二卷이 있다. 晉 葛洪撰,『中國歷代名著全譯叢書』『神仙傳全譯』, 貴州人民出版
   社, 1998.

71) 宣父(선보): 孔子(B.C.551~B.C.479)를 이르며, 唐 太宗 貞觀 11년 637년에 내린 諡號. 唐나라
   開元 27년(739)에 顯宗이 諡號를 내려 文宣王에 봉해졌기 때문에 이렇게 칭한다. 李太白의 詩
   <上李邕>의 한 구절 '宣父猶能畏後生'에 보인다. 成百曉 譯註,『譯註古文眞寶』前集, 傳統文化
   研究會, p.186.

72) 峨眉: 아미산은 西蜀 嘉定府 峨眉縣 남쪽에 있는 산으로서 도교에서 말하는 명산이다. 峨眉의
   뜻은 나비의 눈썹이다. 李太白의 詩 <峨眉山月歌>에 보인다; 중국 사천성에 있는 산 이름. 보
   현보살의 영장(靈場)으로 알려져 있는데, 문수보살의 오대산(五臺山), 관세음보살의 보타산(補
   陀山)과 함께, 중국의 세 성산(聖山)의 하나로 알려져 있다.

73) 鬼谷(鬼谷子): 漢代 應劭의「風俗通義」에 "鬼谷先生이라 불렸으며 六國時代의 縱橫家"라 하였
   고, 唐代 李善이 注한 晉代 郭璞의「游仙詩」와 宋代 李昉 등이 편집한「太平廣記」4卷에 "鬼
   谷 先生은 晉平公 때의 사람으로 鬼谷에서 은거하였기 때문에 귀곡이라 불렸으며 선생의 이름
   은 王詡(왕후)로서 淸溪山에 살았다"고 한다. 출생연도는 알 수 없으나 대략 B.C. 3세기경의
   종횡가로서, 그의 제자에는 6국 合從策을 이룬 蘇秦과 聯橫策을 주도한 張儀가 있다고 하는
   설이 있다. 저서로「鬼谷子」가 전해 온다.『容齋隨筆』二卷 二十則 <鬼谷子書>에 蘇秦과 張儀
   와 함께 소개되었다. 鬼谷子, 曹勝高 安娜 譯注,「鬼谷子」, 北京中華書局, 2007; 명리서로서『鬼
   谷子』에 李虛中이 주하였다고 하는『李虛中命書』가 전해지고 있는데, 동일 인물을 말하는지
   확인되지 않는다. 한편 鬼谷子에 대해 徐升의『淵海子平評註』卷三의「五行元理消息賦」에 다
   음과 같은 내용이 보인다. 鬼谷의 姓은 王이고 이름은 翮으로 道를 즐기며 淸溪의 계곡에 은
   거하여, 그 號를 鬼谷先生이라 하였다(鬼谷 姓王名翮隱居樂道於淸溪之中谷故號鬼谷先生). 徐

王廷光曰: 日月揚輝, 河洛開奧, 陰陽五行之書出焉. 出於
諸子百家之學, 馳騁偏見, 各自立說, 不可勝數. 然其元妙中,
性命之理者, 珞琭子三命而已.

왕정광이 말하였다.

해와 달이 빛을 떨치고 하도와 낙서의 奧義가 열리니, 음양오
행의 책들이 나타났다. 제자백가의 학술에서 출발하여 편견으로
내달려서 각각 자신의 학설을 세우니 그 수를 헤아리기 어려웠
다. 그러나 그 오묘한 가운데서 性命의 이치를 밝힌 것은 珞琭子
의 三命일 뿐이다.

且如河上公言命時, 謂華蓋前七煞之可懼; 宣尼獨以元辰煞
之可畏; 峨眉闡以三生, 論其壽夭; 鬼谷播其九命, 得以星觀
皆是一家偏見之學, 未能曲盡五行三命元元之妙.

가령 하상공은 命을 말할 때 화개 앞의 칠살을 무섭다 하였고,
文宣王 仲尼는 오직 원진살이 두렵다 하였으며, 峨眉 선생은 삼생
을 천명하여 壽夭를 논하였고, 귀곡자는 구명을 펼칠 때 별을 관
찰하여 얻었다. 하지만 모두가 一家의 편견이 있는 학문으로, 五
行三命의 현묘한 오묘함을 곡진하게 살피지 못하였다.

升 編著, 『淵海子平評註』, 武陵出版有限公司, 2002, p.204.

74) 鬼谷播其九命, 約以星觀: 『신조주소낙록자삼명소식부』에는 "鬼谷播其九命, 約以星官"이라 하
   였다.

惟珞琭子參集諸家之妙旨, 略其偏見之能, 著爲是本, 窮盡
五行之微. 使學者紀吉凶之象數, 探禍福之淵源, 當須大解元
義, 曲通妙機, 神悟五行之用, 洞達性命之理. 知此則應機而
發, 發無不中理者哉!

오직 珞琭子만이 제가들의 묘한 뜻을 참조하며 모으고 그 치우
친 견해 중 能한 점을 요약하여 이 책으로 만들어 오행의 미묘함
을 끝까지 다 드러내었다. 그리하여 배우는 자로 하여금 吉凶의
象數의 실마리를 잡고 禍福의 淵源을 찾을 수 있게 하였으니, 모
름지기 현묘한 뜻을 크게 이해하고 묘한 기미에 속속들이 통하
여 오행의 쓰임을 신묘하게 깨닫고 性命의 이치를 훤히 통달하도
록 해야 할 것이다. 이것을 알면 기미에 응하여 움직이게 되고,
움직이면 이치에 맞지 않음이 없을 것이다.

李仝曰: 從劫煞數至亡神, 亦是七煞之數, 又有巳酉丑金神
七煞. 若人生日月時遇之, 多官災; 行運及太歲遇之, 亦有官
司事口舌. 故云 "河公懼之."

이동이 말하였다.
겁살 수에서 망신에 이르기까지가 역시 七煞의 수이며, 또 巳·
酉·丑 金神 칠살이 있다. 만일 生日·月·時에 그것을 만나면 官
災가 많고, 운이나 태세에서 만나면 역시 官司와 口舌의 일이 있

다. 그래서 "하상공은 칠살을 무서워했다"고 한 것이다.

陽男陰女衝前一辰爲元辰, 陰男陽女衝後一辰爲元辰. 凡大
小運太歲入於元辰者, 災極人亡, 若有吉神救之則災輕. 宣父
至聖亦畏也.

양남음녀는 충하기 전 일진이 원진이 되고, 음남양녀는 충한
후 일진이 원진이 된다. 무릇 대운 소운 태세가 원진에 들어가면,
재난이 극하여 사람이 죽는데, 만일 길신이 있어 그것을 구하면
재난은 가벼워진다. (그래서) 공자는 지극한 聖人이었지만 역시
원진을 두려워한 것이다.

舊註云: "峨眉山有一仙, 自稱絶世人, 後遇崔三生, 與論至
道, 云'世士莫窮.'" 此『珞琭子』之通論也.

舊註에 이르길 "아미산에 한 仙人이 있어 자칭 絶世人이라 하였
는데, 후에 崔三生을 만나 함께 지극한 도를 논하며 말하기를 '세
상 사람들은 窮究한 사람이 없다'고 하였다" 한다. 이것은 『珞琭
子』의 통론이다.

予嘗以金木二星在人身命二宮, 兼在官祿福德, 更不候運氣
交合,75) 便以爲亨通慶福. 言之或無其驗, 是知須藉大小運

年, 以到旺相得位之處, 方爲喜慶福德. 學者切須從長而行.

　나는 일찍이 金·木 두 개의 별이 身宮과 命宮 二宮에 있고 겸하여 官祿이 福德한 데 있으면 재차 運氣의 交合을 기다리지 않고도 바로 亨通慶福하다고 여겼다. 그렇게 얘기하다가 혹 그 징험이 없자, 모름지기 대소운년에 의지하여 旺相이 득위한 곳에 이르러야 바야흐로 기쁨과 복덕이 됨을 알게 되었다. 학자는 반드시 좋은 쪽을 따라 행해야 할 것이다.

　珞琭子集諸家三命之精要, 略去其偏見獨說, 自以爲能者也. 大解幽行,[76] 曲能通之, 精其妙理, 自然神悟.

　珞琭子는 諸家의 三命의 중요한 요점을 모으고 그 편견과 독설을 생략하여 스스로 능한 자가 되었다. 그윽한 운행을 크게 풀이하여 구석진 부분까지 통하게 하였으며, 그 오묘한 이치에 정밀하여 자연스럽게 깨달음을 얻었다.

　曇瑩曰: 陽男陰女衝前一辰, 陽女陰男衝後一辰, 謂之元辰也. 劫煞至於亡神, 謂之七煞也. 所以未登眞覺, 斯患孰逃? 上古賢聖猶宜預避, 是以河上公懼其七煞, 文宣王畏以元辰. 於是著書而能濟世, 則吉凶禍福告在未萌, 由是年登, 故宜獲福.

---

75) 交合: 『신조주소낙록자삼명소식부』에는 "符合"이라 하였다.
76) 大解幽行: 『신조주소낙록자삼명소식부』에는 "大解五行"이라 하였다.

담영은 말한다.

양남음녀의 충하기 전 일진과 양녀음남의 충한 후 일진을 元辰이라 한다. 겁살에서 망신까지를 칠살이라 한다. 아직 진리의 깨달음에 오르지 않았으니 이런 걱정에서 누가 도망갈 수 있겠는가. 上古의 賢人과 聖人도 역시 미리 피함이 마땅했으니, 이 때문에 河上公은 그 칠살을 무서워하였고 문선왕(孔子)은 元辰을 두려워하였다. 그래서 책을 써서 세상을 구제할 수 있었으니, 吉凶禍福이 아직 싹이 트기 전에 알려 줌으로써 곡식이 잘 익게 하였으니 복을 얻는 것이 마땅하다.

五行妙用, 消息無窮, 自古先賢, 學而無厭. "鬼谷播其九命", 非不通也; "峨眉闡以三生", 非不精也. 蓋指元言, 幽奧難測. 故云 "約以星觀", "無全士庶."

오행의 묘용은 消息이 무궁하니, 예전부터 先賢들은 배우면서 싫증 내지 않았다. "鬼谷子가 그 九命을 퍼뜨린 것"은 통하지 않음이 없었고, "峨眉 선생이 三生을 천명한 것"은 정밀하지 않음이 없었다. 하지만 대개 현묘한 말을 가리켜서 깊고 오묘함을 헤아리기 어려웠다. 그래서 "별을 관찰하는 것으로 요약하였다" 하였고 "보통사람은 알 수 없었다"고 한 것이다.

三生者, 祿・命・身也; 九命者, 身命兩宮・祿馬二位・生年・

胎・月・日・時是也. 陰陽不測之謂神,77) 神用無方之謂聖,
聖人體神而明乎道者也. 在昔聖人, 參詳得失, 補綴遺蹤, 若
非微顯闡幽, 安能曲盡其妙?

　三生이란 祿・命・身을 말하고, 九命이란 身宮・命宮과 祿位・馬
位와 生年・胎・月・日・時를 말한다. 陰陽의 헤아릴 수 없음을
神이라 하고, 神의 쓰임이 일정하지 않음을 聖이라 하니, 聖人은
神을 체득하여 도에 밝은 사람이다. 옛 성인에 대해 득실을 자세
히 살펴 남긴 자취를 보완하였으니, 은미한 것을 드러내고 숨은
것을 밝힐 수 있는 자가 아니라면 어찌 그 오묘함을 다할 수 있
겠는가?

---

14. 臣出自蘭野, 幼慕眞風, 入肆無懸壺之妙,78) 遊衢無化
　　杖之神.79) 息一氣以凝神, 消五行而通道.

臣은 蘭野지방에서 나와 어려서부터 神仙을 사모하였으나, 시
장에 들어가도 호리병을 달아 놓은 영묘함이 없고, 거리를 노
닐어도 지팡이로 변하는 신통함이 없었습니다. 이에 一氣를 불
어 내어 정신을 응집시키고 五行을 들이마셔 道에 통달하였습
니다.

---

77) 陰陽不測之謂神: 『周易』「繫辭上傳」五章에 보인다.

78) 懸壺之妙: 『後漢書』「費長房傳」에 나오는 이야기로, 신선인 비장방이 호리병 속을 자유스럽게
　　드나들었다는 고사를 말한다. "費長房者, 汝南人也. 曾爲市掾, 市中有老翁賣藥, 懸一壺於肆頭,

王廷光曰: 世傳 『珞琭子』 以爲梁昭明太子之所著及東方

朔80)疏序, 又以爲周靈王太子子晉之遺文, 二說皆非也.

왕정광이 말하였다.

세상에 전하기를 『珞琭子』는 梁나라 昭明太子81)가 짓고 東方朔이

註釋과 序文을 단 것이라고도 하고, 또 周나라 靈王의 태자 子晉이

남긴 문장이라고도 하지만, 두 說은 모두 틀렸다.

此篇言懸壺化杖之事, 及卷終擧論郭景純82)・董仲舒83)・

及市罷, 輒跳入壺中. 市人莫之見, 唯長房於樓上覩之, 異焉, 因往再拜……逐能醫療衆病." 後因以
"懸壺" 謂行醫賣藥.

79) 化杖之神: 『後漢書』「費長房傳」에 나오는 이야기로, 신선인 비장방이 지팡이로 변하기도 했다
는 古事를 말한다. 化杖之神: 後漢費長房遇一仙翁, 欲求道. "翁乃斷一靑竹, 度與長房身齊, 使懸
之舍後." 家人見之, 以爲長房縊死. "大小驚號, 遂殯葬之." 於是長房乃隨仙翁入山修道. 辭歸時,
仙翁贈一竹杖. "長房乘杖, 須臾來歸……家人謂其久死, 不信之. 長房曰: '往日所葬, 但竹杖耳.'
乃發塚剖棺, 杖猶存焉." 後用長房化杖入葬以求仙的故事喻指死亡.

80) 東方朔(B.C.154~B.C.93): 西漢시대의 文人이고 術士였으며, 字는 曼倩으로 武帝 당시에 많은
奇行이 전해지며 처세술에 능하였다. 納音을 말할 때 『淵海子平詳註』에서는 "納音은 鬼谷子에
서 이루어졌고, 象은 東方曼倩子 때 완성(而納音成之於鬼谷子, 象成於東方曼倩子時曼倩子旣成
其象)"이라 밝혔으나, 『三命通會』「論干支源流」편에서는, "鬼谷子나 東方朔을 말하는 것은 모
두 잘못된 것(以鬼谷子算成納音, 東方朔解納音象, 皆不得其源而妄云也)"이라 하여 납음과 관련
된 동방삭의 관련내용은 분명하게 가려져야 할 숙제로 남는다.

81) 昭明太子: 蕭統(501~531): 시호가 昭明이고 字는 德施이다. 梁 武帝 蕭衍의 長子로 황태자가
되었으나 즉위하기 전에 죽었다. 저서로 詩文을 모아 엮은 文選 30권이 있다. 그는 태어나면서
총명하였고, 5세에 五經을 다 읽었으며 독서를 즐겨 하였다(『二十五史紀傳人名索引』, 上海古
籍出版社, 1990). 張扬之・沈起煒・劉德重 主編, 『中國歷代人名大辭典』上・下 二卷, 上海古籍
出版社, 1999.

82) 郭景純: 晉나라 郭璞을 이르는데 字는 景純으로, 郭公에게 靑囊書를 받아서 五行・天文・卜筮
등의 術에 능통하였다. 『爾雅注』・『山海經』・『三蒼』・『方言』・『穆天子傳』・『楚辭』・『子虛上
林賦』・『玉照定眞經』외 다수의 책을 저술하였다. 『中國人名大辭典』, 臧勵龢等編, 商務印書館,
1921年.

83) 董仲舒(B.C.198~106): 漢나라 廣川 사람으로 어려서부터 「春秋」를 읽기 시작하였고, 학문에
열중하였으며 武帝 때에는 賢良對天人三策을 올려 江都의 재상이 되었다. <災異說> 등의 이
론으로 투옥생활을 하기도 하였고, 저서로는 『春秋繁露』『董子文集』이 전한다. 『董仲舒: 중화
주의 개막』, 신정근, 태학사, 2004; 西漢 今文經學의 대가로서 陰陽災異說로 이름이 났다. 武
帝 때에 '三統說'을 주장하였는데 '三正說'이라고도 하며, 鄒衍의 '五德終始說'과 같이 역사는

管公明[84]・司馬季主[85]　皆漢故事, 前後不同.

이 편에서는 費長房이 호리병을 달아 놓거나 지팡이로 변했던 故事를 이야기하였고, 책 끝부분에서는 곽경순・동중서・관공명・사마계주를 거론하였는데, 모두 漢나라의 故事여서 앞뒤가 맞지 않는다.

所謂 "珞珞如石, 瑓瑓如玉"(주25 참조), 此書如玉石之參會, 萬古不毁之義, 使知者以道取之可也.

소위 "옥처럼 드물어 귀하지도 않고 돌처럼 흔해서 천하지도 않고자 한다"는 말처럼, 이 책은 옥석이 섞여 있는 것과 같으니, 만고토록 손상되지 않는 뜻을 知者로 하여금 道로 취할 수 있게 하면 되는 것이다.

순환하며 변화하는 것이라고 보는 견해이다. 일찍이 춘추시대에 이미 오행상생설과 오행상승설이 제시되었으나, 이 두 설의 통일은 바로 동중서에서 완성을 보았다. 『漢書』 卷五十六 「董仲舒傳・第二十六」 참조.

84) 管公明(208~256): 三國 魏나라 때 平原 사람으로 字는 公明이며 管輅로 많이 알려져 있다. 어려서부터 星辰 관찰을 좋아하고 風角과 占相之道에 능하였으며, 易卦로 많은 일들은 알아맞히는 재주가 있었다. 淸河 太守로부터 文學從事라는 자리에 천거되기도 하였으나 본인이 長數하지 못함을 미리 알았다고 한다. 실재 48세(256年)로 卒하였다. 『中國人名大辭典』, 臧勵龢等編, 商務印書館, 1921; 저서로는 『管氏指蒙(2卷)』이 있다. 『續修四庫全書한글索引集』, 김쟁원, 신성출판사, 2004.

85) 司馬季主: 西漢 때 楚나라 사람으로. 長安으로 遊学하였다. 『易』에 능통하였고, 黃老의 術을 좋아하였으며, 장안의 동쪽 시장에서 돈을 받고 점을 쳐 주며 점쟁이로 연명하였다. 中大夫인 宋忠과 博士인 賈誼는 聖人은 점쟁이나 의원 중에 있다고 생각하고 장안을 둘러보기로 하였다. 그러던 중에 늘어놓고 점을 봐 주는 사람들 속에서 司馬季主를 만나 그에게서 가르침을 얻게 된다. 『中国历代人名大辭典』: 张扬之・沈起炜 主编, 上海古籍出版社, 1999, p.487; 『李虛中命書提要』에서 말하길, "이허중의 自序 일편에, 司馬季主가 호산지양에서 귀곡자를 만나 유문 아홉 편의 문장을 만들어 정교하고 깊은 이치를 논하였고 허중이 그 주석을 달았다.

其謂 "臣出自蘭野, 幼慕眞風"者, 乃知達觀之士, 不顯其聲名者也. 自以謂雖無懸壺之妙・化杖之神, 能凝神息志, 窮幽察微, 神而明之, 安而行之, 黙而成之.

저 "臣은 蘭野에서 나와 어려서부터 神仙을 사모하였습니다"라는 말에서, 그가 달관한 선비이며 명성을 드러낸 자가 아님을 알 수 있다. 스스로 말하기를, 비록 費長房처럼 호리병을 달아 놓거나 지팡이로 변하는 신통함은 없지만, 정신을 모으고 뜻을 키워 幽微한 이치를 窮察하여, 신통하게 밝히고 편안하게 행하며 묵묵히 완성할 수 있었다고 하였다.

一動一靜, 一言一黙, 消息盈虛[86]之數, 應乎天道, 與時偕行, 窮理盡性者, 著之於篇. 至神之用也, 神之應物以無心, 以無所不該也.

한 번 動하고 한 번 靜하며 한 번 말하고 한 번 침묵하는 것이 消息盈虛의 數이니, 天道에 호응하고 때와 함께 움직여서 이치를 다하고 본성을 다한 것을 이 책으로 나타내었다. 지극히 신묘함의 쓰임인데, 神은 사물에 응할 때에 빈 마음으로 대하므로 해당되지 않는 곳이 없다.

---

86) 消息盈虛:『周易』山地 剝卦에 보인다.

一陰一陽之謂道,87) 陰陽不測之謂神, 往來不窮之謂通.88) 五
行寓之於物, 無所不通也, 而況於道者歟? 故曰 "息一氣以凝神,
消五行而通道"也.

한 번 陰하고 한 번 陽한 것을 '道'라 하고, 陰과 陽을 예측할
수 없음을 '神'이라 하며, 왕래가 막힘이 없음을 '通'이라 한다.
五行은 만물에 깃들어 있어 통하지 않는 곳이 없는데, 하물며 道
는 어떠하겠는가? 그래서 "一氣를 불어 내어 정신을 응집시키고
五行을 들이마셔 道에 통달하였다"고 한 것이다.

李仝曰: 珞琭子自謙無前人神妙, 言雖無神妙, 能凝神消息,
本於一氣, 播於五行, 至於道也.

이동이 말하였다.
낙록자는 스스로 前人들의 神妙함에 겸손해하면서, (자신은) 비
록 神妙함은 없지만 능히 消息에 정신을 모아서 一氣를 기본으로
하고 五行을 펼쳐서 道에 도달할 수 있음을 말하였다.

雲瑩曰: "臣"者對 "君"而稱也. 『語』曰: "君子務本, 本立而
道生."89) "幼慕眞風", 進德修業也; "出自蘭野", 蓬門蓽戶也.

---

87) 一陰一陽之謂道: 『周易』「繫辭上傳」 五章에 보인다.
88) 往來不窮之謂通: 『周易』「繫辭上傳」 十一章에 보인다.
89) 君子務本, 本立而道生.: 『論語』「學而」편에 보인다.

담영은 말한다.

"臣"은 "군주"에 상대되는 호칭이다.『論語』에서 "군자는 근본에 힘을 쓰니, 근본이 서면 道가 생겨난다"고 하였다. "어려서부터 신선을 사모했다" 하였으니 덕을 향상시키는 수련을 한 것이고, "蘭野에서 나왔다" 하였으니 가난한 집안 출신이다.

古之爲學, 不榮富不醜貧, 節用謹身, 先人後己, 稱前人之至妙, 悔自己之無能. 故云 "遊衢無化杖之神, 入肆無懸壺之妙." 外絶所慾, 內無所思, 專一氣而用柔, 消五行而通道.

옛날에 학자는 부유함을 영화롭게 생각하지 않고 가난함을 추하게 생각하지 않았으며, 절약하여 쓰고 몸을 삼갔으며, 상대방을 우선하고 나를 뒤로하였으며, 前人이 오묘함에 이르렀음을 칭찬하고 자신의 무능을 뉘우쳤다. 그래서 "거리를 노닐어도 지팡이로 변하는 신통함이 없었고, 시장에 들어가도 호리병을 달아놓은 영묘함이 없었다"고 하였다. 밖으로는 욕심을 끊고 안으로는 생각을 없애서, 一氣를 오로지 하여 부드러움을 쓰고 五行을 들이마셔 道에 통하였다.

15. 乾坤立其牝牡, 金木定其剛柔. 晝夜互爲君臣, 靑赤時
    爲父子.

乾과 坤은 그 牝牡를 세우고, 金과 木은 그 剛柔를 정한다. 晝夜
는 서로 번갈아 가며 군주와 신하가 되고, 靑과 赤은 때때로 아
비와 자식이 된다.

王廷光曰: 乾者剛健中正, 屬陽, 爲天道·君道·夫道·聖人
之道也; 坤者柔順中正, 爲地道·臣道·婦道·賢人之道也.

왕정광이 말하였다.

乾은 剛健하고 中正하니 陽에 속하며 天道·君道·夫道·聖人의
道가 되고, 坤은 柔順하고 中正하니 (陰에 속하며) 地道·臣道·婦
道·賢人의 道가 된다.

乾坤立陰陽牝牡之合, 兩者交通, 萬物各得, 立天之經, 安
民之道. 由此以見君臣·夫婦之義, 皆得合其儀矣.

乾과 坤은 음양 암수의 交合을 세우니, 양자가 서로 통하면 만
물이 각각 자리를 얻으며 하늘의 벼리가 세워지니 백성을 편안
하게 하는 道이다. 이를 통해 君臣·夫婦의 義가 모두 그 兩儀를
합한 것임을 볼 수 있다.

乾以動爲體曰闢戶, 坤以靜爲體曰闔戶.90) 以動爲體, 斯五行生變在其中矣; 以靜爲體, 則五行生化在其中矣.

乾은 動을 體로 삼으니 '문을 연다'고 하고, 坤은 靜을 體로 삼으니 '문을 닫는다'고 한다. 動을 體로 삼으니 五行의 生變이 그 가운데에 있고, 靜을 體로 삼으니 五行의 生化가 그 가운데에 있다.

"金木定其剛柔", "晝夜互爲君臣". 若仁柔義剛, 金木性之所司也.

"金·木은 그 剛柔를 정하고", "晝·夜는 서로 君臣이 된다." 예컨대 仁이 柔하고 義가 剛한 것은 金·木의 성질이 주관하는 것이다.

一陰一陽, 剛柔相推, 萬物變化,91) 由此以始矣. 獨剛而無柔, 則不能生變; 獨柔而無剛, 則不能生化. 晝爲剛也, 生變以進; 夜爲柔也, 生化以退. 積剛柔而成變化, 積晝夜而成進退.

한 번 陰하고 한 번 陽하며 剛柔가 서로 밀어가니, 만물의 變化는 이로부터 시작한다. 剛하기만 하고 柔함이 없으면 生變할 수 없고, 柔하기만 하고 剛함이 없으면 生化할 수 없다. 낮은 剛하니 生變하여 앞으로 나아가고, 밤은 柔하니 生化하여 뒤로 물러난다.

---

90) 乾以動爲體曰闢戶, 坤以靜爲體曰闔戶: 『周易』「繫辭上傳」 十一章에 보인다.

91) 剛柔相推 萬物變化: 『周易』「繫辭上傳」 一章과 二章에 보인다.

剛柔가 쌓여 변화를 이루고 晝夜가 쌓여 進退가 이루어진다.

通晝夜之道而無體, 一陰一陽而無窮. 水火分爲晝夜, 晝爲
陽以象君, 夜爲陰以象臣. 晝夜之道, 其微有消息, 其著有盈
虛, 其分有幽明, 其數有生死.

晝夜의 道를 통하여 體가 없으며, 한 번 陰하고 한 번 陽하면서
無窮하다. 水·火는 나누어져 낮과 밤이 되는데, 낮은 陽으로 임
금의 象이며 밤은 陰으로 신하의 象이다. 晝夜의 道에는, 은미할
때는 消息이 있고 현저할 때는 盈虛가 있으니, 그 나뉨에는 幽明
이 있고 그 數에는 生死가 있다.

一泰一否, 一損一益, 終始之相因, 新故之相代, 榮辱之所
至, 福祿之所自來, 莫不本諸此. 則晝夜之道, 豈易知乎哉!

한 번 편안하고 한 번 불행하며, 한 번 손해 보고 한 번 이익
보니, 끝과 시작은 서로 맞물리고 새것과 옛것은 서로 이어지는
법, 榮辱이 가는 곳과 福祿이 오는 곳이 여기에 뿌리를 두지 않는
것이 없다. 이러하니 晝夜의 道를 어찌 쉽게 알 수 있겠는가!

通晝夜之道, 而知聖人體陰陽以爲道, 合天地以爲德, 推晝夜
之道而無窮. 故觀萬歲於一息之間, 視天地於一毫之內, 蓋得斯

道矣. 陰陽晝夜互相往來, 周而復始, 如日月之循環無窮者.

晝夜의 道에 통하고 나면, 聖人이 陰陽을 체득함을 道로 삼고 天地와 하나 됨을 德으로 삼아 晝夜의 道를 미루어 감에 무궁하다는 것을 알게 된다. 그래서 萬歲를 한 번 숨 쉬는 사이에 보고 天地를 털 하나 안에서 보게 되니, 대체로 이 도를 얻은 것이다. 陰陽과 晝夜는 서로 왕래하며 두루 돌아 다시 시작하니 日月의 순환이 끝이 없음과 같다.

東方靑帝之父, 而生南方赤帝之子, "靑赤時爲父子"者, 春及夏也. 五行之神曰五帝, 靑赤之理, 父傳子道也. 『易』曰: "爲靑爲赤, 爲父爲子." 乾坤·晝夜·靑赤之說, 蓋言陰陽五行之中, 有君臣·父子·夫婦之道存焉.

東方 靑帝인 아비가 南方 赤帝인 아들을 낳으니, "靑과 赤이 父子가 되는 것"은 봄과 여름일 때이다. 五行의 神을 五帝라 하는데, 靑赤의 이치는 아비가 자식에게 道를 전하는 것이다. 『易』에서 말하길, "靑이 되고 赤이 되니 아비가 되고 자식이 된다"고 하였다. 乾坤·晝夜·靑赤의 說은 대체로 陰陽五行에는 君臣, 父子, 夫婦의 道가 존재함을 말하는 것이다.

李仝曰: 乾坤爲易之門, 立其牝牡陰陽, 一闢一闔, 變通而萬物化生. 原始要終, 故知死生之說也.[92]

이동이 말하였다.

乾坤은 易의 문이 되어 암수 음양을 세우니, 한 번 열리고 한 번 닫히면서 변통해서 만물이 化生한다. 시작을 잘 찾고 마지막을 잘 짚으니, 그래서 生死의 說을 알게 된다.

金性剛強, 木性柔弱, 從其剛柔之性, 則見有仁義也. 晝爲君, 夜爲臣, 木青爲父, 火赤爲子, 春夏二氣, 生長萬物.

金의 성질은 剛強하고 木의 성질은 柔弱하니, 그 강강하고 유약한 성질을 따르면 仁義가 있음을 보게 된다. 낮은 군주이고 밤은 신하이며, 나무의 푸름은 아비이고 불의 붉음은 아들이니, 春·夏의 二氣는 만물을 낳고 기른다.

雲瑩曰: 天尊地卑, 乾坤定矣. 動靜有常, 剛柔斷矣.[93] 晝夜者, 君臣之道也; 牝牡者, 夫婦之道也; 青赤者, 夫子之道也. 乾剛坤柔, 木仁金義也.

담영은 말한다.

---

92) 原始要終, 故知死生之說也: 『周易』「繫辭上傳」四章에 보인다.

93) 天尊地卑, 乾坤定矣. 動靜有常, 剛柔斷矣.: 『周易』「繫辭上傳」一章에 보인다.

하늘은 높고 땅은 낮으니, 乾坤으로 정해진 것이다. 動·靜에는 항상됨이 있으니, 剛柔로 구분된 것이다. 晝夜는 君臣의 道이고, 암수는 夫婦의 道이며, 靑·赤은 父子의 道이다. 乾은 강하고 坤은 약하며, 木은 어질고 金은 의롭다.

---

16. 不可一途而取軌, 不可一理而推之. 時有冬逢炎熱, 夏草遭霜, 類恐陰鼠棲氷, 神龜宿火.

한 가지 방법만으로는 원칙을 삼을 수 없고, 한 가지 이치만으로 추단할 수 없다. 때때로 겨울에 더위를 만나기도 하고 여름의 풀이 차가운 서리를 만나기도 하니, 숨어 사는 쥐가 얼음에 사는 것과 신령스러운 거북이 불에서 자는 부류와 아마도 비슷할 것이다.

王廷光曰: 道術爲天下表, 天下之士不見天地之純全·古人之大體. 故曲學偏見, 不悟性命之理, 豈不悲夫! 蓋五行之妙用, 具一身之妙理, 該乎萬物. 苟泥一途執一理, 果何足以言命耶!

왕정광이 말하였다.

道術은 天下의 表象이니, 天下의 선비들은 天地의 純全함과 古人의 大體를 보지 못한다. 그래서 학문을 왜곡하고 偏見에 사로잡혀

性命의 이치를 깨닫지 못하니 어찌 슬프지 않겠는가. 대체로 五行의 오묘한 작용은 一身의 妙理를 갖추고 있으며 만물에 해당된다. 진실로 한 가지 방법에 빠지고 한 가지 이치에 집착한다면 과연 어떻게 命을 말할 수 있겠는가.

此篇再論陰陽五行之道, 微妙之通, 隱奧難測, 不可執一途一理而推之. 譬如冬熱夏霜, 可謂希遇之時.

이 편에서는 음양오행의 도가 미묘함이 통하는 것이어서 숨어 있는 奧義는 추측하기 어려우므로, 한 가지 방법이나 하나의 이치로 그것을 추측할 수 없음을 다시 논하였다. 예컨대 겨울의 열기와 여름의 서리는 드물게 만나는 때라고 할 수 있다.

喩淺學者以一家偏見之術, 而言人吉凶, 殊不明聖人探賾索隱, 鈞深致遠, 設卦觀象, 以定天下之吉凶. 且如命格中有諸貴神聚於命者, 而却有以爲凶; 諸凶煞集於命者, 而却有以爲吉.

학식이 천박한 자가 자기의 편견 가득한 術을 가지고 사람의 길흉을 말하곤 하는데, 이는 聖人이 은미하게 감추어진 이치를 찾아 깊고도 멀리 생각하여 卦를 만들고 象을 관찰하여 天下의 吉凶을 정했다는 사실을 도무지 알지 못한 것임을 말하였다. 또한 가령 命格 가운데에는 여러 貴神이 命에 모여 있는데도 오히려 凶

이 되는 때도 있고, 여러 凶煞이 命에 모여 있는데도 오히려 吉이 되는 때도 있는 것이다.

果孰執一家之學而言之者? 所謂 "只如嚴冬無熱, 豈謂夏草遭霜"者歟. 陰鼠棲冰·神龜宿火者, 五行微妙, 其有陰中之陽·陽中之陰.

과연 누가 한 가지 학설만 고집하여 말하는 자인가? 이른바 "단지 엄동에는 열기가 없을 뿐이다. 어찌 여름풀이 서리를 만난다 말하는가"라는 자이다. 숨어 사는 쥐가 얼음에 살고 신령스러운 거북이 불에서 자는 것은 五行의 미묘함으로서, 陰 가운데 陽과 陽 가운데 陰이 있는 것이다.

陰中之陽, 上交於陽中之陰; 陽中之陰, 下交於陰中之陽. 凝有水中之火·火中之水, 雖冰鼠火龜 爲不常之志物矣, 然亦不能逃乎五行之造化者哉!

陰 중의 陽은 위로 陽 중의 陰과 사귀고, 陽 중의 陰은 아래로 陰 중의 陽과 사귄다. 응집하면 물속의 불과 불 속의 물이 있게 되는데, 비록 얼음 속의 쥐와 불 속의 거북이가 非일상적인 志物이지만, 또한 五行의 造化에서 벗어날 수는 없는 것이다.

李仝曰: 言消息災福, 或殊途而同歸, 或窮理而盡性, 不可執一而言之. 或冬行夏令, 則有炎熱之時; 或冤枉憤怨, 六月降霜, 夏草必死. 此言有非時不常之失故也. 古有氷中鼠・火中龜, 言物類之異有如此難窮者.

이동이 말하였다.

災福의 消息은 혹 길은 달라도 귀착점은 같고 혹은 이치를 궁리하여 성정을 다하니, 하나만 고집하여 말할 수 없음을 이야기한 것이다. 혹 겨울에 여름의 令이 行해지면 더울 때가 있기도 하고, 혹 억울해서 원망하면 6월에 서리가 내려 여름풀이 반드시 죽기도 한다. 이는 때에 맞지 않고 非일상적인 실수가 있기 때문에 말한 것이다. 옛날에 얼음 속의 쥐와 불 속의 거북이가 있었으니, 만물의 기이함이 이처럼 끝까지 알기 어려움이 있음을 말하였다.

如『凝神子』論雙生二子, 有一存一亡. 術士何以言之? 非常者難測, 是常者易窮.

예를 들면 『凝神子』에서 쌍둥이 아들을 논하면서 하나는 살고 하나는 죽는다 하였다. 術士는 왜 그렇게 말했는가? 非일상적인 것은 예측하기 어렵고, 일상적인 것은 궁구하기 쉽다.

曇瑩曰: 是常者易究, 不常者難窮. 六月降霜, 三冬炎熱,
其非時也; 非其時, 則行其令者, 窮理也. 冰中之鼠, 火中之
龜, 其非宜也; 非其宜, 則居其中者, 盡性也.

담영은 말한다.

일상적인 것은 궁구하기 쉽고, 非일상적인 것은 궁구하기 어렵
다. 6월에 서리가 내리고 한겨울에 더운 것은 때에 맞는 것이 아
닌데, 때에 맞지 않으니 그 令을 행하는 자는 이치를 다한다. 얼음
속의 쥐와 불 속의 거북은 거처가 마땅하지 않은데, 마땅하지 않
으니 그 안에 거처하는 자는 性을 다한다.

若隱若顯, 難終難窮, 不可一理推之, 不可一途而取軌. 但
恐物類相感, 而暗合陰陽, 未可知矣.

숨은 듯도 하고 드러난 듯도 하여 끝까지 알기도 어렵고 다하
기도 어려우니, 하나의 이치로 추측할 수가 없고, 하나의 방법으로
궤도를 취할 수도 없다. 다만 만물이 서로 감응함이 두려울 뿐, 음
양이 암암리에 교합하는 것은 알 수가 없다.

17. 是以陰陽罕測, 志物難窮. 大抵三冬暑少, 九夏陽多.
    禍福有若禎祥, 術士希其八九.

그래서 陰陽은 추측하기 어렵고 志物은 궁리하기 어렵다. 대체로 한겨울에는 더위가 적고 90일 동안의 여름에는 따뜻함이 많다. 禍福에는 이러한 상서로운 징조가 있으니, 術士는 그 십중의 팔구를 맞추기를 희망한다.

王廷光曰: 自形之上者, 命曰陰陽. 陰者陰也, 氣在內而奧陰也; 陽者陽也, 氣在外而發揚也. 因陰陽而說天地, 一陰一陽之謂道.

왕정광이 말하였다.

형상의 위에 있는 것을 陰陽이라 한다. 陰이란 그늘이니, 氣가 안에 있어 깊숙하고 어둑한 것이고, 陽이란 볕이니, 氣가 밖에 있어 펼쳐져 드날리는 것이다. 陰陽을 따라서 天地를 설명하니, 한 번 陰하고 한 번 陽하는 것이 道이다.

所謂陽者, 未嘗無陰; 所謂陰者, 未嘗無陽, 陰陽非天地所能盡也. 珞琭復謂夏霜冬熱·氷鼠火龜, 是謂陰陽罕測難窮之志物也. 夫豈得以爲常也?

소위 陽에는 陰이 없는 적이 없었고 소위 陰에는 陽이 없는 적이 없었으니, 陰陽은 天地에서 다하여 없어지는 것이 아니다. 珞琭子가 다시 여름 서리와 겨울 더위, 얼음 속의 쥐와 불 속의 거북을 말하였는데, 이는 陰陽을 추측할 수 없어 궁구하기 어려운 志物을 말한다. 어찌 이것을 일상적인 것으로 여길 수 있겠는가?

譬之三命格局, 四柱得五行生旺之氣, 兼天德·官印·祿馬·貴祿者, 灼然可以定貴命矣. 或值五行死氣, 四柱衝破, 加以凶煞刑害, 更無福神爲助, 斯命也, 縱然不貧則夭矣.

三命 格局의 예를 들자면, 四柱가 五行 生旺의 氣를 얻고 天德·官印·祿馬·貴祿 등을 겸한 자는 확실하게 貴命으로 정할 수 있다. 혹은 五行의 死氣를 만나 四柱가 衝破되었는데 凶煞로 刑害가 더해지고 게다가 福神의 도움이 없다면, 이 명은 가난하지 않으면 요절한다.

以此論之, 不必求諸異說中, 性命之謂者, 三命五行而已. 如此則 "大抵三冬暑少", "九夏陽多"者歟. 或背此說, 執以一家偏見之術, 而定天下之吉凶. 偶變之中, 亦如三冬逢暑, 九夏無陽, 其得久耶? 故知五行之妙理, 非圓機[94]之士, 豈能洞識此意者哉!

이것으로 논해 보면 또 다른 說을 구할 필요가 없으니, 性命이라는 것은 三命五行일 뿐이다. 이와 같다면 "대체로 한겨울에는 더위가 적은" 것과 "한여름에는 볕이 많은 것이다." 혹 이 說에

---

94)『莊子』「盜蹠」편에 "若是若非, 執而圓機 獨成而意, 與道徘徊."가 보인다.

반대하여 一家의 편견에 치우친 術에 얽매여 천하의 吉凶을 정하기도 한다. 한겨울에 더위를 만나고 한여름에 볕이 없는 상황을 만나는 것 같은 변칙적인 상황을 만날 것이니, 오래갈 수 있겠는가? 그러므로 五行의 묘한 이치를 알아야 하니, 세상을 超脫한 사람이 아니면 어찌 이 뜻을 분명하게 알 수 있겠는가!

次言行年運藏, 禍福之應, 如禎祥之變異, 不可以執定其說, 挾術之士十分之中, 此意亦難希八九. 蓋天地尚無全功, 而況於人乎?

다음으로는 行年 運藏과 禍福의 대응이 상서로운 징조의 變異와 같아서 한 가지 이론으로 정할 수 없으므로, 술사들은 이 뜻을 열 가운데 여덟아홉을 맞추기가 어려움을 말하였다. 대체로 天地도 완전한 功이 없는데 하물며 사람이겠는가?

李仝曰: 上文言冬熱夏霜, 氷鼠火龜, 非陰陽常理, 故云 "罕測難窮." 此反破上文, 言時有冬逢炎熱, 大抵三冬暑必少矣; 云夏草遭霜, 大抵九夏陽必多矣.

이동이 말하였다.
앞 단락에서는 겨울 더위와 여름 서리, 얼음 속 쥐와 불 속 거북이 陰陽의 일상적인 이치가 아님을 말하였으니, 그래서 "추측할 수 없고 궁구하기 어렵다"고 하였다. 여기서는 앞 단락과 반대로, 때때로 겨울에 더위를 만날 수 있으나 대체로 한겨울에는 더위가 반드시 적음을 말하였고, 여름풀이 서리를 맞을 수 있지만 대체로 한여름에는 陽氣가 반드시 많다고 하였다.

喩三命五行遇旺相得位之運則泰, 遇囚死失位之運則否, 自可測之, 豈曰難窮? 言禍福之應有如禎祥, 隨時而至, 術士希求, 十言而中其八九矣.

三命 五行이 旺·相하여 지위를 얻는 운을 만나면 편안하고, 囚·死하여 지위를 잃는 운을 만나 불행함을 깨우치면 스스로 추측할 수 있으니, 어찌 궁리하기 어렵다고 하겠는가? 禍福의 대응은 상서로운 징조와 같은 점이 있어서 때에 따라 다르게 이르므로, 술사는 그 열 마디 중에 여덟아홉을 맞추기를 희망함을 말하였다.

曇瑩曰: 榮枯叵測, 生死難量, 術士常言希其八九. 有陰中之陽兆, 有陽中之陰物. 大抵獨陽不生, 獨陰不成. 一陰一陽之謂道, 偏陰偏陽之謂疾. 是故窮之益深, 測之益遠.

담영은 말한다.

번창하고 쇠퇴함은 예측하기 힘들고 生死는 가늠하기 곤란하므로, 術士는 항상 십의 팔구가 맞기를 희망한다고 말한다. 陰 중에 陽의 조짐이 있는 때가 있고, 陽 중에 陰物이 있는 때가 있다. 대저 홀 陽은 낳지 못하고 홀 陰은 이루지 못한다. 한 번 陰하고 한 번 陽하는 것을 道라 하고, 陰에만 치우치고 陽에만 치우치는 것은 질병이라 한다. 그러므로 궁리하기가 더욱 깊고 추측하기가 더욱 멀다.

---

18. 或若生逢休敗之地, 早歲孤窮; 老遇建旺之鄉, 臨年偃
    蹇. 若乃初凶後吉, 似源濁而流淸; 始吉終凶, 狀根甜
    而裔苦.95)

혹 태어날 때 休敗 地를 만나면 일찍 고아가 되어 궁핍하고, 늙어 建旺 鄕을 만나도 노년이 곤란하다. 가령 초년이 凶하고 말년에 吉한 경우는 마치 강물의 근원은 탁하지만 흘러가면서 맑아지는 것과 같고, 시작은 吉하나 종국에 가서 凶한 것은 마치 뿌리는 달지만 이파리가 쓴 것과 같다.

王廷光曰: 陽一噓而萬物生, 陰一吸而萬物死. 當時者貴, 後時者賤. 物尚如此, 人豈不然? 如四柱中稟五行休旺之氣, 或先或後, 可以定人之終始窮達矣.

왕정광이 말하였다.

---

95) 『신조주소낙록자삼명소식부』에는 "或若生逢休敗, 早歲孤窮, 若遇建旺之鄉, 臨年偃蹇. 若乃初凶後吉, 似源濁而流淸, 始吉終凶, 狀根甜而裔苦."로 되어 있고, 『소식부』에는 "或若生逢休敗之地, 早歲孤窮; 老遇建旺之鄉, 臨年偃蹇. 若乃初凶後吉, 以源濁而流淸, 始吉終凶, 類根甘而裔苦."로 되어 있으며, 『연해자평』에는 "或若生居休敗, 早歲空亡, 若遇建旺之鄉, 連年偃蹇. 若乃初凶後吉, 相源濁而流淸, 始吉終凶, 狀根甘而裔苦."로 되어 있다.

陽이 한 번 호흡을 내쉬면 만물이 생기고, 陰이 한 번 호흡을 들이쉬면 만물이 죽는다. 그 때에 맞는 것은 귀하게 되나, 때가 뒤처지는 것은 천하다. 만물도 이와 같은데 사람이라고 어찌 그렇지 않겠는가? 가령 四柱 가운데 五行 休旺한 기운을 품부 받았다면, 앞에서든 뒤에서든 그 사람이 내내 영달을 누린다고 정할 수 있다.

人之胎月禀五行休敗之氣者, 主之早歲孤窮; 或時日復在生旺之地, 則以兆晚年之榮者也. 或月建處生旺之地, 必使少年早達; 生時却在衰敗之地, 晚景復不如意也. 故曰 "老遇建旺之鄕, 臨年偃蹇"者歟.

사람이 胎月에 五行 休敗의 기운을 품부 받은 사람은 일찍 고아가 되거나 가난하게 되지만, 혹 태어난 時가 다시 生旺 地에 있으면 만년이 영화롭게 될 조짐이다. 혹 月建이 生旺 地에 있게 되면 반드시 어린 나이에 영달하게 되지만, 生時가 도리어 衰敗 地에 있으면 늘그막에는 뜻대로 되지 않는다. 그래서 "늙어 建旺 鄕을 만나도 노년이 곤란하다"고 말한 것이다.

或四柱皆在生旺之地, 則一生自然榮達者矣; 四柱皆在休敗之地, 則終始困窮而已. 三命由此以分三限, 以生月爲中限, 生時爲末限也.

혹은 四柱가 모두 生旺 地에 있다면 一生이 자연히 榮達하고, 四柱가 모두 休敗 地에 있다면 내내 곤궁할 뿐이다. 三命은 이 때문에 三限으로 나누어지는데, 生月이 中限이고, 生時는 末限이다.

一說以生月爲運元, 或自祿馬生旺之地而起運者, 則少年榮達, 晩年却至衰鄕, 復不如意也. 或運至空亡衰絶中行来者, 定是早歲之孤窮, 晩年乘之吉運, 遂致通達者也. 禍福之理, 應之昭然, 故曰 "物盈則虧, 物衰必盛, 乃天之常道也."[96]

일설에는 生月로 運의 근본으로 삼기도 하는데, 혹 祿馬 生旺의 地로부터 運이 일어난 자는 어린 나이에 영달하지만 만년에 도리어 衰鄕에 이르러 더 이상 뜻대로는 살지 못한다. 혹 運이 空亡 衰絶한 곳으로부터 온 사람은 일찍 고아가 되고 가난한 것은 정해져 있지만, 만년에 吉運을 탄다면 통달함에 이르게 된다. 禍福의 이치는 분명하게 응하므로, 그래서 "만물은 가득 차면 이지러지고 쇠퇴하면 반드시 번성하니, 이것이 하늘의 常道이다"라고 하였다.

經所以載衰人生旺鄕必變, 旺人至衰鄕必移. 然運限二說, 至理一也, 在智者宜參用之也.

---

96) 物盈則虧, 物衰必盛, 乃天之常道也: 『史記』「田叔列傳」에 "夫月滿則虧, 物盛則衰, 天地之常也"가 나온다.

經에서 쇠한 사람이 旺鄕에 생하면 반드시 변하고, 왕성한 사람이 衰鄕에 이르면 반드시 옮겨지는 것을 실은 까닭이다. 그렇지만 運限에 관한 두 가지 說은 지극한 이치는 하나이므로, 지혜로운 사람이 잘 참작하여 쓰는 데 달려 있다.

又論先凶後吉者, 先凶後吉, 終享其吉; 先吉後凶, 終窮於凶.

또 先凶後吉에 관해 말하자면, 先凶後吉은 종국에 그 吉함을 누리지만, 先吉後凶은 종국에 凶에서 막히게 된다.

此亦論運限有或先或後, 爲吉凶之說. 如無始有終者, 始淵源雖濁而分流清派, 以致遠大者哉! 有始無終者, 草木之根甘生, 苗裔以返苦者哉!

이 역시 運限에 앞서거나 뒤서는 것이 있어서 吉凶을 이룬다는 說을 논한 것이다. 가령 시작은 없지만 끝은 있는 자는, 시작하는 연원은 비록 탁하지만 支流의 물결이 맑아서 멀리 큰 바다에 이르는 자이다. 시작은 있으나 끝이 없는 자는, 초목의 뿌리가 달게 나왔다가 싹과 잎이 되면서 도리어 쓰게 되는 것과 같은 경우이다.

李仝曰: 若祿命身之三才[97]生於休囚·困敗之鄕, 或生月

---

97) 三才: 『신조주소낙록자삼명소식부』에는 "三財"라 하였다.

日時不近祿馬, 則少年窮困. 亦言生逢休敗之人, 初入建旺之鄉, 欲徹不徹, 必當災滯. 如根蒂不牢, 旺處脫也, 蓋爲根敗, 有而不有, 故臨年偃蹇. 如少年先歷休囚死絕之鄉, 後入祿馬旺相之運是也.

이동이 말하였다.

가령 祿·命·身 三才가 休囚 困敗의 鄕에 태어났거나, 혹은 生·月·日·時가 祿馬에 가깝지 않다면 소년 시절이 곤궁하다. 또한 태어나면서 休敗를 만난 사람이 처음 建旺 鄕에 들어가면 뚫으려 해도 뚫리지 않아 반드시 재앙이나 정체를 당하게 됨을 말하였다. 마치 뿌리와 꽃받침이 견고하지 못한 것 같아서, 旺處에서 벗겨져서 뿌리가 상하게 되니 있어도 없는 것과 마찬가지이므로 그래서 노년이 곤란하게 되는 것이다. 예컨대 어렸을 때 먼저 休·囚·死·絕의 鄕을 거치고 후에 祿馬 旺相의 運에 드는 것이 이 경우이다.

如生於建旺, 行入死鄉, 初得父母福蔭, 長無立身之貴. 必須觀其萌芽朕兆, 察其根元, 乃詳其運氣, 方見災福也.

가령 建旺에서 태어나 가다가 死鄕에 들어가면, 초년은 부모 복의 그늘을 얻지만 장년이 되어서는 立身하는 貴함이 없다. 반드시 싹트는 조짐을 잘 보고 그 뿌리의 근원을 살펴야 그 運氣를 상세하게 알 수 있으며 災와 福을 보게 된다.

曇瑩曰: 身雖逐運, 必假運而資身; 勢須及時, 亦假時而乘勢.

담영은 말한다.

身은 비록 運을 따르지만 반드시 運을 빌려 身을 도와야 하고, 운세는 반드시 때에 맞아야 하지만 또한 때를 빌려 운세를 타야 한다.

生逢壯歲, 運須處於旺鄕; 晚遇衰年, 運恰宜於困地. 是乃 隨宜消息, 休旺自如.

태어나 壯歲(建旺)를 만나면 運은 반드시 旺鄕에 처하고, 만년에 衰年을 만나면 運은 분명 困地에 있게 된다. 이것이 바로 마땅한 대로 消息하고 자연스럽게 休旺함이다.

初生歇滅而晚歲興隆者, 源濁流清之謂也; 幼年建旺而臨老 玲玞者, 裔苦根甜之謂也. 斯乃校量運氣, 窮究根源, 兼明運 限始終, 仍曉鎡基厚薄.

초년의 운이 歇滅하다가 만년에 興隆한 것은 원류는 탁하지만 지류는 맑은 경우이고, 유년이 建旺하다가 늘그막에 힘이 없는 것은 이파리는 쓰고 뿌리는 단 경우이다. 이것이 바로 運氣를 비교해 헤아리고 근원을 끝까지 궁구한 것인데, 아울러 運限의 始終을 밝히고 이어서 鎡基의 厚薄을 알려 주었다.

大抵人命, 立年爲尊, 其胎月日時, 資以次之.

대체로 사람의 命은 年을 세우는 것이 가장 중요하고, 그 胎·
月·日·時는 돕는 것으로 그 다음이다.

故曰: 作四柱之君父, 爲吉凶之至尊, 而立其年也. 明運氣
之本, 推虛實之基, 而取其月也. 觀安危之兆, 察苦樂之原,
而取其日也. 定貴賤之本, 決死生之期, 而取其時也. 辨陰幼
之始, 究未立之前, 而取其胎也.

그래서 다음과 같이 말한다. 四柱의 君父를 만들어 吉凶의 至尊
으로 삼으니, 그 年을 세움이다. 運氣의 근본을 밝혀 虛實의 기틀
을 추측하니, 그 月을 취함이다. 安危의 조짐을 보아 苦樂의 근원
을 살피니, 그 日을 취함이다. 貴賤의 근본을 정하여 生死의 기간
을 결정하니, 그 時를 취함이다. 보살핌을 받던 유년 시기를 변별
하여 아직 세워지기 전을 연구하니, 그 胎를 취함이다.

又曰: 月管初主, 日管中主, 時管末主.

또 말하기를, 月은 初主를 맡고, 日은 中主를 맡으며, 時는 末主
를 맡는다고 한다.

須要始終兼濟, 前後相應, 富貴兩全, 財祿雙顯者鮮矣.

반드시 처음과 끝이 서로 도와주고 앞과 뒤가 서로 호응하여야
하니, 富貴가 모두 온전하고 財祿이 둘 다 빛나는 경우는 드물다.

但得中下興隆, 可爲成實之命.

단지 中·下의 홍성함만 얻더라도 成實한 命이 될 수 있다.

---

19. **觀乎萌兆, 察以其源. 根在苗先, 實從花後.**

싹이 움트는 조짐을 자세히 살피고 그 근원을 잘 관찰해야 한
다. 뿌리는 싹보다 먼저 있고 열매는 꽃이 핀 뒤에 열린다.

王廷光曰: 幾者, 動之微; 知幾, 神之兆者.[98] **出無而入有,
理而未形, 不可以名尋, 不可以形觀. 唯神也不疾而速,**[99] **感
而遂通,**[100] **故能明燭於未形也.**

왕정광이 말하였다.

'기미'란 미세한 움직임이니, 기미를 아는 것은 신묘함의 조짐
이다. 無에서 나와 有로 들어가 이치는 있으나 아직 모양이 없으

---

98) 幾者, 動之微; 知幾, 神之兆者: 『周易』「繫辭下傳」 五章 "知幾其神乎. 君子上交不諂, 下交不瀆,
   其知幾乎? 幾者, 動之微, 吉之先見者也."에 보인다.

99) 不疾而速: 『周易』「繫辭上傳」 十章에 보인다.

100) 感而遂通: 『周易』「繫辭上傳」 十章의 "易, 无思也 无爲也, 寂然不動 感而遂通天下之故, 非天
   下之至神, 其孰能與於此."에 보인다.

니, 이름으로 찾을 수 없고 형체로 볼 수 없다. 오직 신묘해야만 급하지 않으면서도 빨라서 감응하여 마침내 통하므로, 아직 형체가 없는 데서도 밝게 살필 수 있다.

合抱之木, 起於毫末,[101] 吉凶之彰, 始於微兆, 故爲吉凶之先見. 聖人觀乎先兆, 見乎未萌, 察其根源, 則知其苗裔也.

한 아름 되는 큰 나무도 털끝에서 일어나고 현저한 吉凶도 작은 징조에서 시작하므로, 吉凶이 먼저 드러나게 된다. 聖人은 앞선 조짐을 관찰하고 싹이 트기 전에 보아 그 근원을 살피니 그 싹과 이파리를 알게 된다.

談命之說, 以胎爲根, 以月爲苗, 以日爲花, 以時爲實. 窮根可以知苗, 見花然後知實. 智者宜本諸此, 則貴賤賢愚可知矣. 達者觸類而長之.[102]

命을 말하는 說에서는 胎를 뿌리로, 月을 싹으로, 日을 꽃으로, 時를 열매로 삼는다. 뿌리를 궁구하면 싹을 알 수 있고, 꽃을 보고 나면 열매를 알 수 있다. 지혜로운 사람은 마땅히 여기에 근본을 두어야 하니, 그렇게 하면 貴賤과 賢愚를 알 수 있다. 통달한 사람은 상황에 맞닥뜨리며 그것을 키워 간다.

---

101) 合抱之木 起於毫末: 『道德經』下篇 二十七章에 보인다.
102) 觸類而長之: 『周易』「繫辭上傳」九章에 보인다.

李仝曰: 此又取木實之喩, 根生然後有苗, 花發然後有實,[103] 學者當精窮厚薄也.

이동이 말하였다.

여기서는 또 나무와 열매의 비유를 취했는데, 뿌리가 나온 뒤라야 싹이 있고 꽃이 핀 뒤라야 열매가 있으니, 배우는 사람은 그 厚薄에 대해 정밀하게 궁구해야 한다.

曇瑩曰: 天之可觀者, 日月星辰而已; 地之可察者, 山川草木而已. 觀象於天, 察法於地,[104] 然後知人物死生之說.

담영은 말한다.

하늘에서 볼 수 있는 것은 日月星辰뿐이고, 땅에서 살필 수 있는 것은 山川草木뿐이다. 하늘에서 象을 관찰하고 땅에서 법도를 살핀 뒤라야 사람과 사물의 死生에 대한 說을 알게 된다.

夫觀乎未萌之兆, 察以立根之原, 故曰"根在苗先, 實從花後." 參詳四柱, 推究三元可也.

싹이 트기 전의 조짐을 관찰하고 뿌리가 세워진 근원을 살피니, 그래서 "뿌리는 싹보다 먼저 있고 열매는 꽃이 핀 뒤에 열린

---

103) 取木實之, 喩根生然後有苗:『신조주소낙록자삼명소식부』에는 "取木實之, 喩根生然後有實"이라 하였다.

104) 觀象於天, 察法於地:『周易』「繫辭下傳」二章에 보인다.

다"고 한 것이다. 四柱를 자세하게 헤아려 三元을 미루어 궁구하는 것이 좋다.

---

20. 胎生元命, 三獸定其門宗; 律呂宮商, 五虎論其成敗

胎生 元命은 三獸가 그 門宗을 정하고, 律呂 宮商은 五虎로 그 成敗를 논한다.

王廷光曰: 胎者, 受形之始, 故『易』之 "乾知大始",[105] 以形言之也. 月者, 成氣之時, 故傳曰 "積日爲月", 以氣言之也.

왕정광이 말하였다.

胎란 형태를 처음 받는 때이니, 그래서 『易』의 乾卦에서 "乾은 大始를 안다"고 하였으며 형태로써 말한 것이다. 月이란 기운이 이루어진 때이니, 그래서 傳하기를 "날이 쌓여 달이 된다"고 하였으며 기운으로 말한 것이다.

今之談命, 或不以胎月爲意, 蓋言胎月不如時日得之獨也.

오늘날 命을 이야기하면서 간혹 胎月에 의미를 두지 않기도 하는데, 대체로 胎月이 時日 하나로만 보는 것만 못하다고 말하는

---

105) 乾知大始: 『周易』「繫辭上傳」一章에 보인다.

것이다.

然不明胎月是四柱之根苗, 日時雖以爲緊, 若不來犯破於胎
月, 則胎月或乘旺氣祿馬之處, 則福尤多也. 或日時之吉, 而
爲胎月之所犯, 或以日時之吉, 而後歸於無用.

하지만 胎月이 四柱의 根苗임을 잘 알지 못함이니, 日時가 비록
긴요하다고 하지만 胎月에 범파당하지 않으면, 胎月이 혹 旺氣를
타고 祿馬 處에 이르므로 福이 더욱 많게 된다. 혹 日時는 吉하여
도 胎月이 그것을 범하면 혹 日時의 吉함조차도 無用한 데로 돌아
가게 된다.

以此言之, 則胎元最爲樞要. 然今人多以法取胎神, 而未甚
精當.

이것으로 말해 보면 胎元이 가장 중요하다. 하지만 요즘 사람
들은 대부분 법으로 胎神을 취하며 아주 정밀하고 온당하지는 못
하다.

且如戊子生甲寅月, 往往便以乙巳爲胎. 蓋言乙巳是生月前
十月耳, 殊不明其中有閏無閏否. 凡是貴命受胎, 定在三百日
左右, 或足月或出月, 其有不定之數.

또한 가령 戊子生 甲寅月일 때, 왕왕 바로 乙巳로써 胎를 삼는다. 대체로 乙巳는 生月 前 열 달일 뿐이라고 말하는 것으로, 그중에 윤달이 있는지 없는지는 전혀 알지 못하는 것이다. 무릇 貴命이 胎를 받는 것은 300일 전후로 정해져 있지만, 혹은 足月(임신 37주 이상 되는 달)에서, 혹은 出月(출생 후 1개월)에서 계산하므로 정해진 숫자가 아닌 경우가 있다.

或取以日時, 以生日支干合者爲入胎之時. 然支干俱合受胎月日, 中有不値支干全合者, 亦取之無據.

혹자는 日時로 취하여 태어난 날의 干支와 합치하는 것으로 入胎의 때로 삼는다. 하지만 干支가 모두 受胎月日과 합치하더라도, 그중에는 만나지 않은 干支가 완전히 합치하는 경우도 있으므로, 또한 취할 만한 근거가 없다.

唯有一法, 取之簡要, 只以當生前三百日爲十月之氣, 乃是受時之正也.

오직 한 가지 취하기 간편하고 요긴한 법이 있으니, 단지 태어나기 전 300일을 열 달의 기운으로 삼는 것인데, 이는 受胎 시간의 定式이다.

譬之甲子日生, 便以甲子爲受胎之日, 蓋五六計三百日也.
看其生日在於何月中而有之, 則閏在中矣.

예컨대 甲子日 生은 바로 甲子를 受胎日로 삼으니, 대체로 五六
합이 300일이 되는 것이다. 그 태어난 날을 살펴서 어떤 달 중에
있다면, 즉 그렇다면 윤달은 그 안에 있는 것이다.

且如戊子生甲寅月乙丑日, 須於半月前十月或十一月內尋,
當生乙丑日, 乃是三百日之正胎也.

또 戊子生이 甲寅月 乙丑日이라면, 반드시 보름 전 시월이나 십
일월 안에서 찾아봐야 하는데, 乙丑日에 태어났으니 이는 300일
인 定式 受胎 시간이다.

此一法今古少有知者, 非窮理盡性者, 豈得與於此哉?

이 한 가지 법은 고금에 아는 사람이 드무니, 궁리진성한 사람
이 아니면 어찌 여기에 참여할 수 있겠는가?

"胎生元命"者, 舊註如子生得子胎, 丑生得丑胎者, 此說亦
未盡善. 且如辛未生得壬辰月, 以癸未爲胎, 辛未上受癸未木
之制爲身鬼, 又何以爲之胎生元命者歟?

"胎生 元命"을 옛 주석가들은 子生이 子에 胎를 얻고 丑生이 丑에 胎를 얻는 것으로 보았는데, 이 說 역시 아주 좋은 것은 아니다. 또 辛未生이 壬辰 月을 얻으면 癸未로 胎를 삼고, 辛未 위에서 癸未 木의 制를 받는 것을 身鬼로 보았는데, 또 어떻게 胎生 元命이 되겠는가?

胎爲父母之象, 論其出處, 必以胎中五行而來. 生我元命者, 則知其人是受蔭貴家之命也. 或胎生元命五行相剋, 兼胎處六害之地, 則縱使日時之爲福, 亦主孤强自立者歟.

胎는 부모의 象이니, 출처를 논하자면 반드시 胎 중에 있을 때의 五行에서 해야 한다. 내 元命을 살려주는 경우라면, 그 사람이 음덕으로 貴家의 命을 받았음을 알 수 있다. 혹 胎生元命의 五行이 서로 剋하고 겸하여 胎가 六害 地에 처하면, 설사 日時가 福이 되더라도 또한 자수성가하는 자가 된다.

鬼谷子曰: "胎中如有祿, 生在貴豪家; 或値空亡中, 貧窮起怨嗟." 意蓋謂此也.

귀곡자가 말하길, "胎 중에 祿이 있으면 귀한 집안에서 태어나고, 혹 空亡을 만나면 빈궁하여 원망하고 탄식한다" 하였는데, 대체로 이를 말함이다.

三獸者以年取月, 以日取胎. 觀三處承屬, 謂之獸,106) 有無啗傷形, 則可以定宗門之出處也. 故曰 "胎生元命, 三獸定其宗門"者歟.

三獸란 年으로써 月을 취하고 日로써 胎를 취하는 것이다. 三處가 승속하는 것을 관찰하여 獸라 하는데, 有無가 삼켜서 형태가 상하면 종문의 출처를 정할 수 있다. 그래서 "胎生 元命은 三獸가 그 門宗을 정한다"고 한 것이다.

"律呂宮商"者, 陽六爲律, 陰六爲呂. 『玉冊』107)曰: "五音總於律呂, 律呂相合. 分支定干, 散之六十音也." 吹律吸呂, 以定宮商之信以生義, 蓋言五行合爲五音者也.

"율려 궁상"이라는 말을 보자면, 六陽이 律이 되고, 六陰이 呂가 된다. 『옥책』에서 이르길, "五音은 율려에 총괄되니 율려는 서로 화합한다. 干支로 나뉘어 정하여 60音으로 펼쳐 놓았다"고 하였다. 내어 부는 律과 빨아들이는 呂로 궁상의 기준을 정하여 의미를 만들었으니, 대체로 五行이 합하여 五音이 됨을 말한 것이다.

---

106) 觀三處承屬, 謂之獸: 『낙록자부주』新文豐 本에는 "觀三處承屬, 謂之三獸"로 되어 있다.

107) 玉冊: ① 국왕이나 왕비 등을 책봉할 때 그 사실을 기록하고 그 사람의 공덕을 기린 내용. ②『宋史‧輿服志 六』에는 '제왕이 제사 지낼 때 하늘에 고하는 冊書'라고 하였다. 또는 玉策이라고도 한다. ③『晉書‧元帝紀』에는 "옛날에는 天書를 玉冊이라 불렀고, 天子의 命을 받아 상서로운 출병할 때 사용"이라 하였다. 대체로 命理書일 것이다.

是故甲己宮土遁起丙寅, 乙庚商金起於戊寅, 丙辛羽水起於
庚寅, 丁壬角木起於壬寅, 戊癸徵火起於甲寅. 五音皆自寅而
起, 遁人之成敗吉凶, 由此而始, 故曰 "五虎論其成敗."

따라서 甲己 宮 土는 丙寅에서 숨어 일어나고, 乙庚 商 金은 戊寅
에서 일어나고, 丙辛 羽 水는 庚寅에서 일어나고, 丁壬 角 木은 壬
寅에서 일어나며, 戊癸 徵 火는 甲寅에서 일어난다. 五音은 모두
寅으로부터 일어나며, 五子元遁法으로 사람의 成敗와 吉凶을 보는
것은 이로부터 시작되었으므로, 그래서 "五虎로 그 成敗를 논한
다"고 한 것이다.

李仝曰: 此言胎生月與本命同者, 詳其三獸以定門類, 宗
生[108]知其性氣.

이동이 말하였다.
여기서는 胎月·生月과 本命이 같은 자는 그 三獸를 상세히 살
펴서 門類를 정함을 말하였는데, 宗生은 그 性과 氣를 안다.

假令辛卯生人十一月生, 是二月辛卯, 胎與元命同也; 庚辰
人三月生者, 是生月與命同也. 如此者命貴而性和.

가령 辛卯생이 11월생이면 이는 (胎月이) 2월 辛卯로서 胎月과

---

108) 宗生: 『신조주소낙록자삼명소식부』와 『낙록자부주』 新文豐 本에는 "宗土"라 하였다.

元命이 같은 것이고, 庚辰생이 3월생이면 이는 生月과 本命이 같은 것이다. 이와 같은 이들은 貴命이면서 성품은 온화하다.

凡求三獸者, 子人鼠・蝠・鷰, 丑人牛・蟹・鼈, 寅人虎・狸・豹, 卯人兎・狐・貉, 辰人龍・蛟・魚, 巳人蛇・蟮・蚓, 午人馬・鹿・麞, 未人羊・鷹・鴈, 申人猴・猿・猱, 酉人鷄・鳥・雉, 戌人狗・狼・豺, 亥人猪・豕・貐. 此三十六禽之名.

三獸를 구한다 함은, 子人은 쥐・박쥐(복익)・제비를 말하고, 丑人은 소・게・자라를 말하고, 寅人은 호랑이・살쾡이(이리)・표범을 말하고, 卯人은 토끼・여우(오소리)・담비(고슴도치)를 말하고, 辰人은 용・교룡(이무기)・물고기를 말하고, 巳人은 뱀(거북이)・벌(물벌레)・지렁이를 말하고, 午人은 말・사슴・노루를 말하고, 未人은 양・송골매・기러기를 말하고, 申人은 고양이・원숭이・긴팔원숭이를 말하고, 酉人은 닭・새(솔개)・꿩을 말하고, 戌人은 강아지(개)・이리・승냥이를 말하며, 亥人은 멧돼지・돼지(개미)・짐승(달팽이)을 말한다. 이는 36가지 짐승의 이름이다.

『凝神子』云: "象神者卽天祿, 主大富貴; 不象神者, 天之不祿." 具以形神・性氣斷之, 少有不同.

『응신자』에 말하기를 "象神은 하늘이 祿을 준 것이니 큰 富貴

를 주관하고, 不象神은 하늘이 祿을 내리지 않은 것이다"라고 하
였다. 모두 形神과 性氣로 판단하였는데 조금은 같지 않다.

　陽支爲律, 陰支爲呂,[109] 謂甲乙爲角, 丙丁爲徵, 庚辛爲
商, 壬癸爲羽, 戊己爲宮. 此賦言干支協律呂宮商應天地·合
四時之道者, 當以五子元遁取月日, 見其成敗.

　陽支는 律이 되고 陰支는 呂가 되니, 甲·乙은 角이 되고, 丙·丁
은 徵가 되고, 庚·辛은 商이 되고, 壬·癸는 羽가 되며, 戊·己는
宮이 된다. 이 賦에서는 干支가 天地에 호응하고 四時에 합치하는
律呂 宮商의 道에 합치하는 것이며, 마땅히 五子元遁法으로 月日을
取하여 그 成敗를 봐야 한다는 것을 말하였다.

　五虎者皆起於寅: 甲己起丙寅, 乙庚起戊寅, 丙辛起庚寅,
丁壬起壬寅, 戊癸起甲寅. 故云 "五虎"也.

　五虎는 모두 寅에서 시작한다. 甲·己는 丙寅에서 일어나고 乙·
庚은 戊寅에서 일어나고 丙·辛은 庚寅에서 일어나고 丁·壬은 壬
寅에서 일어나며 戊·癸는 甲寅에서 일어난다. 그래서 "五虎"라고
하는 것이다.

---

109) 陽支爲律, 陰支爲呂: 『신조주소낙록자삼명소식부』에는 "陽干爲律, 陰支爲呂"라 하였다.

曇瑩曰: 禽分三十六位, 支列一十二辰, 次而布之, 一辰三獸.

담영은 말한다.

짐승은 서른여섯 자리로 나누고 지지는 열두 辰으로 나열하여, 차례로 배치하니 一辰에 三獸가 속한다.

胎生元命, 只如甲子生人, 生月癸酉, 胎逢甲子, 元命是同. 又如乙丑金人, 月居己卯, 胎逢庚午, 以土生金. 二說並詳, 其意不遠.

胎生 元命이 가령 甲子生으로 生月이 癸酉이면, 胎月은 甲子를 만나며 元命은 이와 같다. 또 乙丑金人이 己卯 월에 있으면, 胎月이 庚午를 만나 土生金이 된다. 두 가지 說이 아울러 상세하니, 그 뜻이 멀지 않다.

欲求四柱, 唯遁十干, 皆起五寅, 推遷成敗. 其如甲己之年丙作首, 乙庚之歲戊爲頭. 蓋寅爲十二月之初, 二六時之首也.

四柱를 구하려면 오직 十干을 숨겨야 하니, 모두 다섯 寅을 일으켜서 成敗를 미루어 헤아린다. 가령 甲·己 年은 丙을 우두머리로 삼고, 乙·庚 年은 戊를 머리로 삼는다. 대체로 寅은 열두 달의 시작이 되고, 열두 시간의 머리가 되기 때문이다.

珞琭子賦註　卷下

> 1. 無合有合, 後學難知; 得一分三, 前賢不載.
>
> 합이 없는데 합이 있는 것을 後學들은 알기 어렵고, 하나를 얻었는데 셋으로 나뉘는 것을 先賢들은 책에 싣지 않았다.

　王廷光曰: 道立於兩, 成於三, 變於五, 而天地之數, 具其十也, 耦之而己. 蓋五行皆有耦, 推而散之, 無所不通. 然耦之中又有耦焉, 故萬物之變, 道至於無窮也.

　왕정광이 말하였다.

　道는 兩(儀)에서 세워지고 三(才)에서 이루어지고 五(行)에서 변하며, 天地의 數는 10에서 갖추어지니 짝을 맞춰 준 것일 뿐이다. 대체로 五行은 모두 짝이 있어, 그것을 추측하여 풀어내면 통하지 않는 것이 없다. 하지만 짝을 맞춰 준 중에 또 짝이 있으니, 만물의 변화는 그 道가 무궁하다.

　『易』立象以盡意, 爲言之不可盡意也. 何獨『易』也? 所謂 "無合有合"者亦然. 且如甲己之合, 甲不見己而見午, 亦然也, 蓋午中有己也. 此乃 "無合有合"者也.

　『易』에서 象을 세워 뜻을 다한 이유는 말이 뜻을 다하지 못하기 때문이다. 어찌 『易』만 그렇겠는가? 이른바 "합이 없는데 합이

있다"는 것 역시 그러하다. 가령 甲과 己의 合에서 甲이 己는 못
보고 午는 보는 것 역시 그러하니, 대체로 午 가운데 己가 있기
때문이다. 이것이 "合이 없는데 合이 있다"는 것이다.

"得一分三"者, 甲祿得己爲一合也, 得午爲二合也, 得亥爲
三合也, 亥之與寅支合也. 此乃得一祿而爲三合者也. 舊註以
庚祿在申, 以申子辰上得庚, 謂之得一分三. 此乃三合會祿,
衆所共知.

"하나를 얻었는데 셋으로 나뉜다"는 말을 보자면, 甲祿이 己를
얻으면 一合이 되고, 午를 얻으면 二合이 되며, 亥를 얻으면 三合
이 되는데, 亥는 寅과 支合이 된다. 이것이 바로 하나의 祿을 얻었
는데 三合이 된 것이다. 舊註에, 庚祿이 申에 있을 때 申·子·辰이
天干에서 庚을 얻으니, 이를 일러 "得一分三"이라 한다고 하였다.
이것은 '三合會祿'이니, 많은 사람들이 아는 바이다.

又何謂之 "前賢不載"·"後學難知"也? 此篇與前文 "見不
見之形, 抽不抽之緒", 理相貫穿. 李虛中論支干合全格者, 年·
月·日·時·胎五位. 何以能合干支全也? 蓋言其子則丑在
焉, 言其寅則亥在焉, 言其甲則己在焉, 言其乙則庚在焉.

또 어찌하여 "先賢들은 책에 싣지 않았다" 하고 "後學들은 알

기 어렵다" 하는가? 이 篇은 앞에 나온 "보이지 않는 형상을 보고 뽑히지 않는 실마리를 뽑아낸다"는 것과 이치가 서로 관통한다. 이허중은 支干合의 온전한 格을 논하였는데, 年, 月, 日, 時, 胎의 다섯 자리였다. 어찌 干支를 온전하게 합들게 할 수 있겠는가? 대체로 子를 말하면 丑이 거기에 있고 寅을 말하면 亥가 거기에 있으며, 甲을 말하면 己가 거기에 있고 乙을 말하면 庚이 거기에 있는 것이다.

禄干五位如帶甲・乙・丙・丁・戊全, 自然合起己・庚・辛・壬・癸十字之全矣. 十二支中如帶寅・卯・辰・巳・午全, 自然合起未・申・酉・戌・亥十字之全矣. 或於子丑位有歲運禄馬加之, 則十干十二支皆合全也. 言此一法開闢以來, 如珞琭子者, 深明此意, 故曰 "後學難知."

禄의 天干 다섯 자리가 甲・乙・丙・丁・戊 전체를 띠고 있으면, 자연히 己・庚・辛・壬・癸 열 글자 모두와 합이 일어난다. 十二支 중에서 寅・卯・辰・巳・午 전체를 띠고 있으면, 자연히 未・申・酉・戌・亥 열 글자 모두와 합이 일어난다. 혹 子・丑의 자리에 歲運이 禄馬가 더해지면, 十干十二支가 모두 합이 된다. 이 한 법이 세상에 나온 이래 낙록자 같은 사람이 이 뜻을 깊이 알았으므로, 그래서 "後學들은 알기 어렵다"고 하였다.

李仝曰: "得一"者, 謂庚祿在申, 申·子·辰三位皆爲庚祿之位. 若庚人七月, 或於日[110]辰時, 並爲建祿, 或是庚子庚辰尤佳. 故云 "得一分三, 前賢不載"也.

이동이 말하였다.

"하나를 얻는다"는 것은, 庚祿이 申에 있을 때 申·子·辰 셋이 모두 庚의 祿 자리가 됨을 말한다. 만약 庚人이 칠월생일 때, 혹 日辰과 時에 모두 建祿이 되거나, 혹 庚子·庚辰이면 더욱 좋다. 그래서 "하나를 얻었는데 셋으로 나뉘는 것을 先賢들은 책에 싣지 않았다"고 한 것이다.

曇瑩曰: 嘗試論之, 其寅與亥合而不見亥, 但得壬者是也; 緣亥上有壬, 壬祿在亥故也. 又如甲與己合而不見己, 但得午是也; 緣午上有己, 己祿在午故也. 次如寅·午·戌合而不見寅, 但得甲者是也; 緣寅中有甲, 甲祿在寅故也.

담영은 말한다.

일찍이 그것을 논해 보았는데, 寅과 亥가 합하지만 亥는 보이지 않고 단지 壬만 얻는 것이 이것이다. 이는 亥 위에 壬이 있고 壬의 祿은 亥에 있기 때문이다. 또 甲과 己가 합하지만 己는 보이지 않고 단지 午만 얻는 것이 이것이다. 이는 午 위에 己가 있고 己

---

110) 或於日: 『신조주소낙록자삼명소식부』에는 "或子日"이라 하였다.

의 祿은 午에 있기 때문이다. 다음으로 寅·午·戌이 합하지만 寅
은 보이지 않고 단지 甲만 얻는 것이 이것이다. 이는 寅 안에 甲
이 있고 甲의 祿은 寅에 있기 때문이다.

大抵合中帶吉, 其福可言; 合處相傷, 却成無補. 擧一隅須
以三隅反, 所謂 "得一分三, 前賢不載."

대체로 합한 중에 吉을 띠고 있으면 그 福을 말할 수 있으나,
합한 곳에서 서로 傷하게 하면 오히려 도와줌이 없다. 한 귀퉁이
를 들면 모름지기 세 귀퉁이로 반응해야 하니, 이른바 "하나를
얻었는데 셋으로 나뉘는 것을 先賢들은 책에 싣지 않았다"는 것
이다.

---

2. 年雖逢於冠帶, 尚有餘災; 運初至於衰鄕, 猶披鮮福.

年에서 비록 冠帶를 만났더라도 아직도 남은 재앙이 있으며,
대운의 앞머리에서 衰鄕에 이르렀더라도 여전히 작은 福을 입
을 수 있다.

王廷光曰: 天道之運, 周而復始, 或始小而終大, 或始盛而
終衰. 故有消息盈虧之異者, 人之運氣年庚亦由此也. 每年運
或初離沐浴暴敗之地而順行, 纔至冠帶之上, 未可便以爲福,

蓋尙有敗鄕之餘災也. 或自旺鄕而行, 初至衰鄕, 亦不可便以
爲禍, 蓋猶披旺鄕之尠福也.

왕정광이 말하였다.

天道의 運은 두루 돌아 다시 시작하니, 혹 시작은 작지만 끝은
크기도 하고, 혹 시작은 성대하지만 끝은 약하기도 한다. 그러므
로 消息盈虧의 다름이 있는 것이니, 사람의 運氣 年庚 역시 이에
연유한다. 매년 運이, 혹 처음에 沐浴인 暴敗 地에 빠져서 순행해
가다가, 겨우 冠帶 위에 이르러도 바로 쉽게 福이 되지 않으니,
아직도 敗鄕의 재앙이 남아 있기 때문이다. 혹 旺鄕에서 시작해
가다가 막 衰鄕에 이르러도 역시 바로 禍가 되지 않으니, 여전히
旺鄕의 남아 있는 福을 입기 때문이다.

譬之戊辰木人九月生, 大運作五歲起, 於壬戌六歲遇癸亥木
之長生, 十六歲運至甲子, 乃木人暴敗之運, 兼遇甲子自死之
金, 爲木之身鬼, 豈不爲災也? 至二十六歲, 運遇乙丑, 雖是
木人冠帶, 以其初入丑鄕, 尚帶甲子餘災而來. 故曰 "年雖逢
於冠帶, 尙有餘災"者歟.

예를 들면, 戊辰 木人 9월생은 大運이 5세에 일어나 壬戌 6세에
木의 長生인 癸亥를 만나고, 16세에 運이 甲子에 이르는데 바로 木
人의 暴敗 運이며, 겸하여 甲子 自死 金을 만나서 木의 身鬼가 되니

어찌 재앙이 되지 않겠는가? 26세에 이르러 運이 乙丑을 만나니 비록 이것이 木人의 冠帶이지만, 처음 丑鄕에 들어왔기 때문에 여전히 甲子의 남은 재앙을 가지고 온다. 그래서 "年에서 비록 冠帶를 만났더라도 아직도 남은 재앙이 있다"고 말한 것이다.

　或木行運至丁卯, 卯乃木旺之地, 若乍入辰鄕, 亦未可以言災, 蓋猶披旺鄕之尠福而來也. 故曰 "乍入衰鄕, 猶披尠福"者歟. 所以行運有前後五年之說, 蓋由此耶.

　혹 木人이 行運에 丁卯를 만나면 卯는 木의 旺地가 되므로, 만약 辰鄕에 잠깐 들어가더라도 역시 재앙이라 말하지 않으니, 여전히 旺鄕의 남은 복을 입고 왔기 때문이다. 그래서 "잠깐 衰鄕에 들어가더라도 여전히 작은 福을 입는다"고 말한 것이다. 行運에 앞뒤 5년이 있다는 說은 아마도 여기에 연유할 것이다.

　『通元經』之行運, 若不歷冠帶臨官, 便逢旺地, 雖不歷艱辛, 而六[111]年遭遇. 然物禁左道, 故以便衰, 或爾不壽, 行運亦當明此.

　『通元經』의 行運에서는, 만약 冠帶와 臨官을 지나지 않으면 바로 旺地를 만나고, 비록 어렵고 힘듦을 지나지 않더라도 6년(어릴

---

111) 六: "少"의 誤字로 보이고, 『낙록자부주』新文豊 本에는 "少"로 되어 있다.

적?)에 우연히 만난다고 하였다. 하지만 만물은 左道를 금하며, 따라서 쇠해지면 혹 장수하지 못하니, 行運에서는 또한 이에 밝아야 한다.

李仝曰: 言大小行年, 雖出困敗, 初至冠帶之鄕, 猶有餘災. 如久病得瘥, 尙瘦弱也.

이동이 말하였다.

大小 行年이 비록 困敗에서 나와 막 冠帶의 鄕에 이르렀더라도 아직도 남은 재앙이 있음을 말하였다. 마치 오랜 병이 나아도 여전히 쇠약한 것과 같다.

言大小運行年, 初出帶旺, 始入衰鄕, 尙帶旺氣. 如初罷官君子, 尙有威勢也.

大小 行年이 막 帶旺 地에서 나와 처음 衰鄕으로 들어가면 여전히 旺氣를 가지고 있음을 말하였다. 마치 이제 막 관직을 그만둔君子에게 아직 위세가 있는 것과 같다.

曇瑩曰: 年由太歲也, 時由運氣也. "年雖逢於冠帶", 由披暴敗之餘災; 運雖至於衰鄕, 尙帶旺宮之鮮福.

담영은 말한다.

年은 太歲와 같고, 時는 運氣와 같다. "年이 비록 冠帶를 만나더라도" 아직 暴敗로 인한 남은재앙을 입으며, 運이 비록 衰鄕에 이르더라도 여전히 旺宮으로 인한 적은 복을 갖게 된다.

---

3. 大段天元羸弱, 宮吉不及¹¹²⁾以爲榮; 中下興隆, 卦凶不
   能成其咎.

대체로 天元이 허약하면 宮이 吉하여도 영화롭기에는 부족하고, 中·下(地支와 납음)가 융성하면 卦象이 凶하여도 그 재앙을 이룰 수가 없다.

王廷光曰: "天元"者以干爲祿也. 於天元言祿, 則 "中下興
隆"者, 乃支爲命, 納音爲身, 其可知也.

왕정광이 말하였다.

"天元"이란 干으로 祿을 삼는다. 天元에서 祿을 말하였으니, "中·下가 융성하다"는 것은 支를 命으로 삼고 納音을 身으로 삼는다는 것을 알 수 있다.

人之生也, 以得祿爲榮, 以亡祿爲辱. 故此篇必以天元爲主

---

112) 及:『낙록자부주』新文豊 本에는 "足"으로 되어 있다.

也. 天元者, 主人有祿, 歲運或於五行生旺之處, 而遇天祿者,
則應官易於榮顯也. 或大段天元五行無氣之謂"羸弱", 雖所臨
官分之吉, 亦 "不及以爲榮"也.

사람이 태어날 때 祿을 얻으면 영화롭고, 祿을 잃으면 욕이 된
다. 따라서 이 篇에서는 반드시 天元으로 主를 삼았다. 天元은 사
람에게 祿이 있는 것을 주장하니, 歲運이 혹 五行 生旺處에서 天祿
을 만나게 되면, 벼슬하면서 영달하기 쉽다. 혹 대체로 天元 五行
에 氣가 없는 것을 "羸弱하다" 하는데, 비록 臨官한 곳이 吉하더
라도 역시 "영화롭기에는 부족하다."

譬之甲申水人得庚申運, 甲祿至于巳敗而逢庚爲鬼, 斯可謂
"大段天元羸弱"者哉. 雖干是甲申納音水吉旺之宮, 以其天元
無氣, 雖 "宮吉亦不及爲榮"也.

예컨대 甲申 水人이 庚申 運을 얻었을 때, 甲의 祿은 巳에서 敗地
에 이르고 庚을 만나 鬼가 되니, 이것은 "대체로 天元이 허약한
것"이라 말할 수 있다. 비록 天干이 甲申인 納音 水로 吉旺한 宮일
지라도, 天元이 無氣하므로 설령 "宮이 吉해도 영화롭기에는 부족
한 것"이다.

"中下興隆"者, 中元曰支主命, 下元曰納音主身. 身命俱臨

五行興旺之地, 雖八卦定分爲凶, 亦不能致災也.

"中·下가 융성하다"는 말은, 中元은 支로 命을 주관하고 下元은 納音으로 身을 주관한다. 身과 命이 함께 五行 興旺地에 있으면, 비록 八卦에서 凶으로 정해져 있더라도 역시 재앙에 이를 수 없다.

且如甲寅木得乙亥月, 身命木, 木得乙亥, 以逢生旺之氣, 可謂 "中下興隆"者歟. 雖亥中有乾卦屬金, 金傷甲木爲鬼, 卦之傷祿, 以其身命五行生旺, 故曰 "卦凶而終不能成其咎"也.

가령 甲寅 木이 乙亥월일 때, 身과 命 木이 乙亥를 얻어 生旺한 氣를 만나면 "中·下가 융성하다"고 말할 수 있을 것이다. 비록 亥에 있는 乾卦가 金에 속하고 金은 甲木을 상하게 하여 鬼가 되지만, 卦가 상하게 한 祿이 身命의 五行의 덕으로 生旺하므로, 그래서 "卦象이 凶하여도 그 재앙을 이룰 수가 없다"고 말한 것이다.

此篇前後多論九宮八卦之說, 而非珞琭子三命之本意也. 觀前文理相貫, 則正義自可證矣.

이 篇의 앞뒤에서 九宮 八卦에 관한 說을 많이 논하였는데, 珞琭子 三命의 본뜻은 아니다. 앞글을 보면 문리가 서로 관통하니, 올바른 의미는 저절로 증명된다.

李仝曰: 凡言天元者, 卽十干羸弱者, 指衰病死墓絕處也. 若 "天元羸弱", 九宮雖遇一吉, 三生不能 解救其災也.

이동이 말하였다.

무릇 天元이라 함은 十干의 허약한 것이니, 衰·病·死·墓·絕處를 가리킨다. 만약 "天元이 허약"하면 九宮에서 비록 하나의 吉을 만나도, 三生은 그 재앙을 구제해 줄 수 없다.

中謂支也, 下謂納音也. 此言三命有氣, 雖八卦遇五鬼絕命, 亦不成災也.

中은 支를 말하고, 下는 納音을 말한다. 여기서는 三命이 有氣하면 비록 八卦가 五鬼를 만나 絕命할지라도, 역시 재앙이 되지 않음을 말하였다.

曇瑩曰: 天元者, 十干之謂也, 爲天爲尊爲淸爲貴, 其於人也爲祿.

담영은 말한다.

天元이란 十干을 말하는 것으로, 天이고 尊하고 淸하고 貴하니, 사람에 있어서는 祿이 된다.

人元者, 支神之謂也, 爲地爲卑爲濁爲富, 其於人也爲福.

人元은 支神을 말하는 것으로, 地이고 卑하고 濁하고 富하니, 사람에 있어서는 福이 된다.

下元者, 納音之謂也, 爲柔爲剛爲進爲退, 其於人也, 失在爭戰, 達乎純粹.

下元은 納音을 말하는 것으로, 柔하고 剛하고 進하고 退하니, 사람에 있어 잃으면 전쟁하게 되고 얻으면 純粹하게 된다.

故『元談』云: "達莫達乎純粹, 窮莫窮乎戰爭."

따라서『元談』에 말하길, "純粹함을 얻는 것이 가장 達이고, 전쟁에서 막히는 것이 가장 窮이다"라고 하였다.

---

4. 若遇尊凶卑吉, 救療無功; 尊吉卑凶, 逢災自愈. 祿有三會, 災有五期.

만약 尊(天干)이 凶하고 卑(地支)가 吉하면 치료해도 공로가 없고, 尊이 吉하고 卑가 凶하면 재앙을 만나도 저절로 낫는다. 祿에는 三會가 있고, 재앙에는 五期가 있다.

王廷光曰: 積日爲月, 積月爲歲, 歲者日月之所積, 此言太

歲爲辰之尊也. 推日以計運, 推月以計氣, 本命者, 大小之尊也. 以干爲祿曰天元, 以支爲命曰人元, 以納音爲身曰地元, 干祿屬陽者, 爲身命之尊也.

왕정광이 말하였다.

날이 쌓여 달이 되고 달이 쌓여 해가 되니, 해는 날과 달이 쌓인 것인데, 이는 太歲가 辰의 尊이 됨을 말한다. 날을 推算하여 運을 계산하고 달을 推算하여 氣를 계산하니, 本命은 大小의 尊이다. 干으로 祿을 삼으니 天元이라 하고, 支로 命을 삼으니 人元이라 하며, 納音으로 身을 삼으니 地元이라 하니, 陽에 속하는 干祿은 身命의 尊이다.

以煞言之, 則太歲爲尊也; 以人言之, 則本命爲尊也; 以三才言之, 則祿亦爲尊也.

煞로 말하면 太歲가 尊이 되고, 사람으로 말하면 本命이 尊이 되며, 三才로 말하면 祿 역시 尊이 된다.

『易』曰: "天尊地卑, 乾坤定矣. 卑高以陳, 貴賤位矣." 於此可以斷吉凶之由也.

『易』에 말하길, "하늘은 높고 땅은 낮으니 건곤이 정해진다. 낮고 높은 것이 배열되니 귀함과 천함이 자리를 잡는다"고 하였다.

여기에서 길흉의 이유를 단정할 수 있다.

五行四柱或上尊凶而下卑吉者, 卑勝尊也. 下剋上曰伐也,
剋我之謂鬼, 故占病者雖藥亦無功也. 或上尊吉, 下卑凶, 陰
陽理順. 上制下曰治也, 我剋之謂財, 占病雖不藥而自愈也.

五行 四柱가 혹 위의 존귀한 것이 凶하고 아래 비천한 것이 吉
하면, 비천함이 존귀함을 이기는 것이다. 아래가 위를 이기는 것
을 '伐'이라 하며 나를 이기는 것을 '鬼'라 하니, 病을 점치는 자
는 비록 약을 먹어도 효과가 없다. 혹 위의 존귀한 것이 吉하고
아래 비천한 것이 凶하면 陰陽이 이치에 맞는 것이다. 위가 아래
를 제압하는 것을 '治'라 하고 내가 이기는 것을 '財'라 하니, 병
을 점치는 자는 약을 먹지 않아도 저절로 낫는다.

"祿有三會"者, 如甲祿在寅, 遇甲寅是正首之一祿也; 得甲
午是暗合天德之會, 二祿也; 得甲戌是祿當之會, 三祿也.

"祿에 三會가 있다"는 말은, 예컨대 甲祿이 寅에 있을 때, 甲寅
을 만나는 것이 바로 正首의 첫 번째 祿이고, 甲午를 얻으면 天德
과 暗合하는 만남이니 두 번째 祿이며, 甲戌을 얻으면 祿當과의
만남이니 세 번째 祿이다.

"災有五期", 舊註以生旺死三鬼, 呼爲五鬼者, 又何謂之五期也? 五期者, 以干支祿馬旺變, 遇死絕之地者是也. 一說以太歲・月建・日辰・大・小運五處皆來朝會,[113] 凶煞所[114]聚於五行, 天地之氣刑剋本命, 斯亦謂之災有五期者歟.

"재앙에 五期가 있다"는 말을 보자면, 舊註에서는 生・旺・死 三鬼를 五鬼라고 부르는데, 또 어째서 五期라고 했는가? 五期는 干支祿馬가 旺하게 변하여 死絕地를 만난 것이다. 一說에는 太歲・月建・日辰・大・小運 다섯 곳이 모두 기약하고 와서 만났는데, 凶煞이 五行에 한꺼번에 모여들고 天地의 氣가 本命을 형극하는 것이라 하는데, 이것 또한 재앙에 五期가 있는 것이라 할 것이다.

譬之癸亥生辛酉月壬戌日庚子時, 叶命四十歲, 大運丁巳, 小運乙巳, 太歲壬寅, 月建戊申, 日辰庚申. 是日也, 凶神惡煞爲災, 集會於元辰, 此謂之煞會五期者也.

예컨대 癸亥年 辛酉月 壬戌日 庚子時 命이 40세 때, 丁巳 대운에 소운이 乙巳, 태세는 壬寅, 月建이 戊申, 日辰이 庚申을 만났다고 하자. 이날은 凶神 惡煞이 재앙이 되어 元辰에서 만나 모였으니, 이를 煞이 五期에 모인 것이라 한다.

---

113) 朝會:『낙록자부주』新文豐 本에는 "期會"로 되어 있다.
114) 所:『낙록자부주』新文豐 本에는 "倂"으로 되어 있다.

蓋乙巳小運之火, 來生丁巳大運之土, 併來衝破. 癸亥本命,
三才之水絶於丁巳, 遇癸傷命於返吟之上, 巳中雖有驛馬, 又
爲壬寅太歲之刑害也. 月建戊申之土, 又來六害, 本命爲水壬,
三才之生鬼, 叶庚申日, 併害元辰, 來刑太歲. 下之犯上, 寅·
巳·申會起, 辜恩三刑, 亥酉年月, 並坐自刑. 四孟會, 四重
劫煞, 期會破碎, 集於運元. 此命雖官入五品, 於是年是日,
不免以受傷刑, 而後惡死亡矣. 此所謂 "災有五期"者歟.

대체로 乙巳 소운인 火가 丁巳 대운의 土를 生하니 나란히 와서
衝破한다. 癸亥 本命은 三才의 水가 丁巳에서 絶하고, 癸를 만나 返
吟之上에서 命이 상하며, 巳에 비록 驛馬가 있어도 또 태세 壬寅의
刑害가 된다. 月建인 戊申 土는 또 六害로 와서 本命이 임수가 되
어 三才(水)의 鬼를 生하며 庚申 日과 어울려 나란히 元辰을 해치
고 와서 太歲를 刑한다. 아래에서 위를 범하여 寅·巳·申이 모여
일어나 은혜를 저버리는 三刑이 되며, 亥·酉년과 월이 나란히 自
刑하는 데 앉는다. 四孟이 만나니, 四重 겁살이 破碎를 기약하고
만나 運元에서 모인다. 이 命은 비록 벼슬이 五品에 들더라도, 이
해 이날이 되면 傷刑을 면치 못하며 이후에 흉하게 죽는다. 이것
이 소위 "災에 五期가 있다"는 것이다.

李仝曰: 祿爲尊, 天元也, 支及納音爲卑. 假令丙午水命人
生於七月, 雖運馬而前行, 歷亥子運二十年, 丙午祿俱火也.

遭五鬼所害, 性命納音水主是也, 尊凶卑吉.

이동이 말하였다.

祿은 尊이니 天元이고, 지지와 納音은 卑이다. 가령 丙午 水命 人이 칠월에 태어났으면, 비록 馬運으로 앞으로 가지만 亥·子運 20년을 지나가게 되니, 丙午 祿에 火를 갖추게 된다. 五鬼가 해치는 것을 만나게 되니, 性命인 納音 水가 主인 것으로 尊이 凶하고 卑가 吉함이다.

遇巳害庚於鬼鄉, 前逢辛丑, 丙辛喜合干火也. 丑土主相生不相剋, 是祿命尊吉, 納音水雖逢土, 是 "尊吉卑凶, 逢災自愈"也. 運上消息倣此災福也.

巳가 鬼鄉에서 庚을 害함을 만났을 때, 전에 辛丑을 만나면 丙·辛이 天干 合 火됨을 기뻐함이다. 丑土는 주로 相生하고 相剋을 하지 않으니 이는 祿命이 尊吉하므로, 納音 水가 비록 土를 만났지만 이것은 "尊이 吉하고 卑가 凶하면 재앙을 만나도 저절로 낫는다"는 것이다. 運의 消息도 이 같은 災福의 消息을 따른다.

天祿爲福, 其類有三. 如甲祿在寅, 要本祿本命驛馬二位上見甲是也,[115] 仍以五子元遁到處詳之.

---

115) 天祿爲福, 其類有三, 如甲祿在寅, 要本祿·本命·驛馬, 二位上見甲是也.:『신조주소낙록자삼명소식부』에는 "人祿爲福, 其會有三, 如甲祿在寅, 要本祿·本命·驛馬三位, 見甲是也."라 하였다.

天祿이 福이 되는 것은 세 종류가 있다. 가령 甲祿이 寅에 있을 때, 本祿과 本命의 驛馬 二位의 위에서 甲을 보아야 하는 것이 이것인데, 이어서 五子元遁法으로 이르는 곳을 자세하게 살핀다.

"五期"者, 五鬼是也. 生死旺五鬼, 呼爲五鬼.116)

"五期"는 五鬼이다. 生‧死‧旺 五鬼를 五鬼라 부른다.

『經』云: "三元逢五鬼, 閻羅三使追."117)

『經』에서 이르길, "三元이 五鬼를 만나면 염라가 세 번 따르게 시킨다"고 하였다.

曇瑩曰: 立年爲尊, 其胎月日時, 資以次之. 大運爲尊, 其太歲小運, 資以次之. 若遇本命與大運德合於建旺之鄉, 其歲運日時凶, 而不能爲咎; 大運與本命互戰於死囚之地, 其歲運日時吉, 而未之爲救. 故曰 "尊凶卑吉, 救療無功; 尊吉卑凶, 逢災自愈."

담영은 말한다.

立年이 尊이 되고 胎‧月‧日‧時는 보조로 그다음이고, 대운이

---

116) 生死旺五鬼, 呼爲五鬼:『신조주소낙록자삼명소식부』에는 "生死時三鬼, 呼爲五鬼"라 하였다.

117) 經云: 三元逢五鬼, 閻羅三使追:『신조주소낙록자삼명소식부』에는 "經云: 三元逢五鬼, 閻羅王使追鬼, 末有例"라 하였다.

尊이 되고 太歲·小運은 보조로 그다음이다. 만일 本命과 大運의 德이 建旺 鄕에서 합합을 만나면, 그 歲運 日時가 凶하더라도 근심이 될 수 없지만, 大運과 本命이 死囚 地에서 서로 다툼을 만나면, 그 歲運 日時가 吉하더라도 구제되지 못한다. 그래서 "尊이 凶하고 卑가 吉하면 치료해도 공로가 없고, 尊이 吉하고 卑가 凶하면 재앙을 만나도 저절로 낫는다"고 한 것이다.

"祿有三會"者, 長生帝旺庫也, 其爲至吉之地. "災有五期"者, 衰病死敗絶, 其爲至凶之地. 蓋祿卽福之稱, 非干祿之祿也. 今之學者, 但擧三合而不知其然. 金逢巳酉丑, 木居亥卯未, 火得寅午戌, 水坐申子辰: 此是 "祿有三會"也.

"祿에 三會가 있다"는 것은 長生·帝旺·庫이니 지극한 吉地이다. "災에 五期가 있다"는 것은 衰·病·死·敗·絶이니, 지극한 凶地이다. 대개 祿은 곧 福을 말하는 것으로 天干의 祿을 말함이 아니다. 요즘 배우는 사람들은 단지 三合만 거론할 뿐 그렇게 되는 이유는 알지 못한다. 金이 巳·酉·丑을 만나고, 木이 亥·卯·未에 있고, 火가 寅·午·戌을 얻고, 水가 申·子·辰에 앉은 것, 이것이 "祿에 三會가 있는 것"이다.

> 5. 凶多吉少, 類大過之初爻; 福淺禍深, 喩同人之九五.
>
> 凶이 많고 吉이 적음은 大過(澤風大過 ☱☴)卦의 初六爻가 유사
> 하고, 福이 얕고 禍가 깊음은 同人(天火同人 ☰☲)卦의 九五爻가
> 비유된다.

　王廷光曰: "大極是生兩儀, 兩儀生四象, 四象生八卦, 八卦
以定吉凶也."[118] 卦之所占, 數之所合, 卦與數未嘗不相耦也.

　왕정광이 말하였다.

　(『易』에서) "太極이 兩儀를 生하고, 兩儀는 四象을 生하고, 四象
은 八卦를 生하니, 八卦로 吉凶을 정한다"고 하였다. 卦로 占을 치
고 數로 합치시키니, 卦와 數는 서로 짝이 되지 않은 적이 없었다.

　且如 "凶多吉少"之命, 以其休囚氣盛, 故不宜以求於進用
也, 而有類於大過卦中初六爻體, 柔而乘剛. 其象 "藉用白茅
而在下",[119] 無過世之才, 非有爲之時, 可以遯世而避. 蓋位
而無補, 是以動而有悔也.

　가령 "凶이 많고 吉이 적은" 命은 그 休囚한 기운이 왕성하므로

---

118) 太極是生兩儀, 兩儀生四象, 四象生八卦, 八卦以定吉凶也: 『易』「繫辭上傳」 十一章에 보인다.
119) 藉用白茅而在下: 『周易』의 澤風 大過卦에 보인다.

앞으로 나아가기를 구하는 것은 마땅치 않으며, 大過卦 중 초육
효의 體가 柔이면서 剛을 타고 있는 것과 유사하다. 象傳에서 "흰
띠 풀을 자리로 까니, 柔가 아래에 있기 때문이다" 하였으니, 뛰
어난 재주가 없고 큰일을 할 때도 아니어서 세상에서 숨어 피해
야 한다. 대체로 位는 있으나 도움은 없으니, 그래서 움직이면 후
회가 생기는 것이다.

"福淺禍深"之命, 以其五行相剋而無氣, 亦非謀進用之宜,
喻如同人卦中九五應. 其象 "先號咷而後笑, 大師克相遇"[120]
者焉, 言兩剛之於五, 有剋之道, 六二以柔弱而勝剛强, 九五
老陽太過, 以禍淺福深用則生咎矣.

"福이 얕고 禍가 깊은" 命은, 그 五行이 서로 극하면서 無氣하니
역시 앞으로 나아가기를 도모하는 것은 마땅치 않으며, 同人卦의
九五爻가 應이 있는 것에 비유된다. 그 象傳에서 "먼저 부르짖어
울고 뒤에 웃으니, 큰 군사로 이겨야 서로 만난다" 하였으니, 陽
爻인 四爻와 六爻가 九五에 대해 剋하는 이치가 있으며, 六二는 유
약하면서 剛强함을 이기고 九五는 老陽이 너무 지나치므로, 禍는
얕고 福이 두터움으로 쓰면 허물이 생기는 것이다.

珞琭子擧此二卦 "凶多吉少" · "福淺禍深"類, 喩於五行無氣

---

120) 先號咷而後笑, 大師克相遇: 『周易』의 天火 同人卦에 보인다.

之命, 蓋非特談卦也.

낙록자가 이 두 가지 "凶이 많고 吉은 적은" 것과 "福은 얕고 禍가 깊은" 유형의 괘를 들어 五行에 無氣한 命을 비유하였는데, 단지 卦만을 이야기한 것은 아니다.

李仝曰: 此論八卦立成變法. 假令澤風大過卦, 初爻發動, 變巽入乾, 呼爲五鬼, 從第三位一變上爲生氣, 二變中爲天醫, 三變下爲絶體, 四變中爲遊魂, 五變上爲五鬼.

이동이 말하였다.

여기서는 八卦의 立成 變法을 논하였다. 가령 택풍(☱☴) 대과 괘에서 초효가 움직여 손(☴)이 변해 건(☰)으로 들어가니 五鬼라 부른다. 제3위부터 1변은 上爻가 生氣가 되고 2변은 中爻가 天醫가 되고 3변은 下爻가 絶體가 되며, 4변은 中爻가 游魂이 되고 5변은 上爻가 五鬼가 된다.

舊註歌云: "變巽來入五鬼鄉, 從巽入乾有低昂. 所以呼爲小吉卦, 凶多卽是鬼爲殃." "言法此爻"是也, 亦是變卦.

옛날 주석의 노래에, "巽卦가 변하여 五鬼의 鄉에 드는데, 巽卦에서 乾卦로 드니 높고 낮음이 있다. 이 때문에 小吉卦라 부르니, 凶이 많아 鬼가 재앙이 된다"라 하였다. "이 爻를 모범으로 삼음을 말한 것"이 이것인데, 또한 變卦이다.

假令天火同人卦, 九五發動, 變乾爲離卦, 呼爲絶命. 從上位
一變上爲生氣, 二變中爲天醫, 三變下爲絶體, 四變中爲遊魂,
五變上爲五鬼, 六變中爲福德, 七變下爲絶命.

가령 天火(☰☲) 同人 괘에서 구오 효가 움직여 乾(☰)이 변해서
離(☲)괘가 되니 絶命이라 부른다. 上位부터 1변은 上爻가 生氣가
되고 2변은 中爻가 天醫가 되고 3변은 下爻가 絶體가 되며, 4변은
中爻가 遊魂이 되고 5변은 上爻가 五鬼가 되며, 6변은 中爻가 福德
이 되고 7변은 下爻가 絶命이 된다.

舊註歌云: "假令乾卦化爲離, 絶命之鄕例要知." 思此非也,
皆防備細尋推言, 此喩九五爻是也.

옛날 주석의 노래에, "가령 乾卦가 바뀌어 離가 되면, 絶命 鄕은
으레 알아야 한다"고 하였다. 생각건대 이는 잘못이며, 모두 방
비하며 推言을 상세히 살펴야 하니, 이것은 구오 효를 말하는 것
이 이것이다.

曇瑩曰: 澤風大過, 只取內宮, 變巽入乾, 其爲五鬼. 一變
上爲生氣, 在坎. 二變中爲天醫, 在坤; 三變下爲絶體, 在震;

四變中爲遊魂, 在兌; 五變中[121]爲五鬼, 在乾. 故云: "己巳
戊辰, 度乾宮而脫厄."

담영은 말한다.

택풍 대과 괘는 단지 內宮(內卦)을 취하여 巽이 변해 乾으로 들
어가니 五鬼가 된다. 1변은 上爻가 生氣가 되니 坎에 있고, 2변은
中爻가 천의가 되니 坤에 있고, 3변은 下爻가 절체가 되니 震에 있
으며, 4변은 中爻가 유혼이 되니 兌에 있고, 5변은 上爻가 五鬼가
되니 乾에 있다. 따라서 "己巳・戊辰은 건궁을 지나며 액을 벗는
다"고 한다.

天火同人, 只取外象, 變乾入離, 其爲絶命. 一變上爲生氣,
在兌; 二變中爲天醫, 在震; 三變下爲絶體, 在坤; 四變中爲
遊魂, 在坎; 五變上爲五鬼, 在巽; 六變中爲福德, 在艮; 七變
下爲絶命, 在離. 故曰: "壬申・癸酉, 入離宮而消亡."

천화동인 괘는 단지 外象을 취하여 乾이 변해 離로 들어가니 絶
命된다. 한 번 변하여 上爻가 生氣가 되니 兌에 있고, 두 번 변하
여 中爻가 천의가 되니 震에 있고, 세 번 변하여 下爻가 절체가 되
니 坤에 있고, 네 번 변하여 中爻가 유혼이 되니 坎에 있으며, 다
섯 번 변하여 上爻가 五鬼가 되니 巽에 있고, 여섯 번 변하여 中爻

---

121) 中: 『낙록자부주』新文豊 本에는 "上"으로 되어 있다.

가 복덕이 되니 艮에 있으며, 일곱 번 변하여 下爻가 절명이 되니 離에 있다. 따라서 "壬申・癸酉는 離宮에 들어 힘이 빠져 망한다"고 한다.

> ### 6. 聞喜不喜, 是六甲之盈虧; 當憂不憂, 賴五行之救助.
>
> 기쁜 일을 들어도 기쁘지 않은 것은 六甲의 盈虛 때문이고, 근심해야 하나 근심하지 않음은 五行의 救助 덕분이다.

王廷光曰: 空亡者爲天地虛脫之辰, 干祿不到之地, 是故逢德則致淸閒, 遇煞則爲絶滅. 行年歲運若逢祿馬貴人, 則可以謂之喜矣. 復不爲喜者, 蓋六甲中俱値十二位之空亡也.

왕정광이 말하였다.

空亡은 천지 허탈의 辰이고 干祿이 이르지 못하는 땅이므로, 德을 만나면 한가함을 이루지만 煞을 만나면 멸절이 된다. 행년세운에서 祿馬貴人을 만나면 기쁘다 말할 수 있지만, 더는 기쁨이 되지 않는 것은, 六甲 가운데 12위의 공망에 함께 자리하기 때문이다.

空亡謂之天中煞, 爲煞最重. 六陽命畏於陽宮, 六陰命畏其陰位. 運歲行年或遇之以祿馬貴人, 而在空亡之上, 雖有福盈,而爲禍虧矣.

空亡은 天中煞이라 하고 煞 중에 가장 重하다. 六陽命은 陽宮을 두려워하고, 六陰命은 그 陰位를 두려워한다. 운세행년에 록마 귀인을 만났어도 공망 위에 있으면 비록 福이 가득해도 화로 기울어지게 된다.

譬之甲辰人得壬寅, 見祿逢馬, 可以謂之喜矣. 而不以爲喜者, 蓋甲辰旬中陽命至寅陽宮, 乃正空亡也. 兼以壬食於甲, 納音金火之相戰, 雖有祿馬, 而以空亡, 五行之虧盈相制. 所謂 "聞喜不喜, 是六甲之虧盈"者哉.

예를 들어 甲辰(納音 火)人이 壬寅(納音 金)을 만났을 때, 祿을 보고 馬를 만났으니 기쁘다고 할 수 있다. 그러나 기쁨이 되지 못함은, 甲辰旬中의 陽命은 陽宮 寅에 이르면 正空亡이 되기 때문이다. 아울러 壬 食神은 甲에서 納音으로 金火相戰이 되므로, 비록 록마는 있으나 공망으로 오행의 盈虧가 서로 제재한다. 소위 "기쁜 일을 들어도 기쁘지 않은 것은 六甲의 虧盈 때문이다"라는 것이다.

"當憂不憂"者, 假如戊申生得丁酉而敗, 又遇破碎自刑, 斯可謂之憂矣. 所謂 "不憂"者, 以丁酉之死火已化以爲土矣. 是故土遇丁酉而不敗, 蓋子傳母道也. 故曰 "當憂不憂, 賴五行之救助."

"근심해야 하나 근심하지 않는다"를 보자면, 가령 戊申生이 丁酉를 얻으면 敗이고 또 파쇄를 만나 自刑이니 근심스럽다 할 만하다. 소위 "근심하지 않는다"는 것은 丁酉의 죽은 火가 이미 土로 변한 것이다. 이 때문에 土는 丁酉를 만나도 敗하지 않으니, 子傳母道하기 때문이다. 그래서 "근심해야 하나 근심하지 않음은 五行의 救助 덕분이다"라고 한 것이다.

李仝曰: 虧, 損也; 盈, 益也. 假令三命太歲大小行運, 食神干祿合會之鄉,[122] 當有喜. 而不見喜者, 是六甲旬中或是空亡, 或在旺鬼之鄉, 災煞亡神之位. 或是運身反剋祿馬, 雖以有所盈, 却大有所虧, 以是之故不能爲其喜也.

이동이 말하였다.

虧는 줄어드는 것이고, 盈은 더해지는 것이다. 가령 三命·太歲·大小行運에 食神과 干祿이 모여 합하면 당연히 기쁨이 있어야 한다. 하지만 기쁨을 맛볼 수 없는 것은, 六甲旬中에 공망이 있거나 旺鬼 鄉에 있거나 災煞 亡神의 위치에 있기 때문이다. 혹은 運身이 반대로 祿馬를 극해 비록 가득 차 있는 것 같으나 오히려 크게 이지러짐이 있는 것이니, 이 때문에 기쁨이 될 수 없는 것이다.

---

122) 干祿合會之鄉: 『신조주소낙록자삼명소식부』에는 "干合祿會之鄉"이라 하였다.

假令甲寅人運至申上, 謂之反吟; 又寅遇申刑, 祿命俱絶, 爲旺金所制. 當憂而反不憂者, 爲遁見壬申是干救.123)

가령 甲寅人이 운에서 申에 이르면 反吟이라 하며, 또 寅이 申刑을 만나면 祿命이 모두 絶이 되어 旺金의 제재를 받는다. 당연히 근심해야 하지만 근심하지 않는 것은 壬申을 보고 숨으면 천간이 구하기 때문이다.

『神術』云: "絶處逢父母, 變災爲福." 又寅午戌驛馬在申, 若更胎月日時有所救助, 故無憂也.124)

『神術』에 "絶處에서 부모를 만나면 재앙이 바뀌어 福이 된다" 하였다. 또 寅·午·戌 驛馬가 申에 있어도 胎月·日·時에 救助가 있으므로 근심이 없다.

曇瑩曰: 聞喜以盈爲言, 盈者益也; 不喜以虧爲言, 虧者損也. 損益之道, 由六甲而推之.

담영은 말한다.

---

123) 甲寅人運至申上, 謂之反吟, 又寅遇申刑祿命俱絶, 爲旺金所制. 當憂而反不憂者, 爲遁見壬申是干救.: 『신조주소낙록자삼명소식부』에서는 "甲辰正月生人, 運至申上謂之祿絶. 當憂而反不憂者, 爲遁見壬申緣丁巳月受胎, 丁与申合, 甲与合, 此爲胎月日時, 有所救助. 又甲辰人人正月生, 行運至申上是生火与生水, 遇五行相旺. 故無憂也"라 하였다.

124) 이 부분이 『신조주소낙록자삼명소식부』에서는 보이지 않고 "緣丁巳月受胎, 丁与壬合, 甲与合, 此爲胎月日時, 有所救助. 又甲辰火人正月生, 行運至申上是生火与生水, 遇五行相旺. 故無憂也."로 대체되어 있다.

기쁜 일을 들음을 '盈'으로 말했는데 '盈'은 더해짐이고, 기쁘지 않음을 '虧'로 말했는데 '虧'는 줄어듦이다. 損益의 道는 六甲에서 미루어 간다.

"當憂不憂"者, 但五行休廢處逢生是也. 只如木得甲申·癸巳水, 金逢丁亥·戊寅土, 水值辛巳·壬寅金, 火得庚申·己亥木. 故曰 "當憂不憂, 賴五行之救助."

"근심해야 하나 근심하지 않는다"는 것은 단지 五行의 休廢 處에서 生을 만난 것으로, 마치 木이 甲申·癸巳 水를 얻은 것과 같고, 金이 丁亥·戊寅 土를 만난 것과 같고, 水가 辛巳·壬寅 金에 놓인 것과 같고, 火가 庚申·己亥 木을 얻는 것과 같다. 그래서 "근심해야 하나 근심하지 않음은 五行의 救助 덕분이다"라고 한 것이다.

---

7. 八孤臨於五墓, 戌未東行; 六虛下於空亡, 自乾南首.

八孤가 五墓에 臨하면 戌과 未는 동으로 움직이고, 六虛는 空亡의 아래에 있으며 乾으로부터 南方의 우두머리이다.

王廷光曰: 出於一爲家, 包於一爲嫁, 所歸宿之地也. 福以堅實爲衍, 禍以虛耗爲忒. 所謂癸巳者, 五行所不至之地也.

"八孤"者, 三位中, 除辰戌丑未乃五行之墓. 其餘八位者, 孤虛之辰, 或孤臨於墓. 如申酉人孤辰在亥, 而寡宿居未也.

왕정광이 말하였다.

하나에서 나와 가정을 이루고 하나로 들어가 시집을 가니, 歸宿하는 곳이다. 福은 堅實함으로 부연되고, 禍는 비고 줄어서 어긋난다. 소위 癸巳는 五行이 이르지 않는 곳이다. "八孤"는 三位 가운데 辰戌丑未 五行의 墓를 제외한 것이다. 그 나머지 八位는 孤虛의 辰인데 혹 고독이 묘지에 임하기도 한다. 가령 申酉 人의 孤辰은 亥에 있으나 寡宿은 未에 있다.

五行之墓寄於四季之中, 其氣皆隨月建而東行也. 猶之戌與未乃木火之墓, 木自亥生, 火從寅起, 火木之氣皆自寅道之東行, 而鍾藏於戌未之墓. 故曰 "八孤臨於五墓, 戌未東行"者歟.

五行의 墓는 四季의 가운데에 의지하며 그 氣는 모두 月建을 따라 동쪽으로 움직인다. 戌과 未가 木·火의 墓인 경우, 木은 亥에서 生하고 火는 寅에서 일어나 따르니, 火木의 氣는 모두 寅에서 동쪽으로 움직이며 戌·未의 墓에 모여 갈무리된다. 그래서 "八孤가 五墓에 臨하면 戌과 未는 동으로 움직인다"고 한 것이다.

"六虛下於空亡"者, 六虛乃六位空亡對衝辰是也. 譬如乙丑生人以亥爲六陰正空亡, 亥衝巳爲六虛, 亥爲乾天, 巳爲巽地.
巳乃南方之首辰. 故曰 "六虛下於空亡, 自乾南首."

"六虛는 空亡의 아래에 있다"는 것은, 六虛는 六位의 공망이 맞
부딪치는 자리이다. 예를 들면 乙丑生 人은 亥가 六陰이 되면서 正
空亡이 되고, 亥는 巳를 충해 六虛가 되는데, 亥는 乾天이고 巳는
巽地이며 巳는 남방의 우두머리 辰이다. 그래서 "六虛는 空亡의
아래에 있으며 乾으로부터 南方의 우두머리이다"라고 한 것이다.

李仝曰: 八孤對處爲六虛, 是六八虛位下, 先從孤數至虛,
故云 "下於空亡." 孤旣東行, 虛則西廻, 故云 "自乾南首." 生
於此者, 防骨肉離異, 聯隔鄉闔, 一生散失, 迍寒無餘財, 亦
宜消息.

이동이 말했다.

八孤의 상대 쪽이 六虛가 되고, 이 육·팔의 虛位 아래에 먼저
孤數를 따라 虛에 이르므로 "空亡의 아래에 있다"고 한다. 孤는
이미 동쪽으로 움직이고 虛는 서쪽으로 돌아가므로, "乾으로부터
南方의 우두머리이다"고 한다. 이에 태어나면 골육과 헤어져 고
향을 등진 채, 한평생 흩어지고 사라져 곤궁 속에 남은 재산이
없으니, 消息하는 것이 당연하다.

曇瑩曰: 甲子旬中, 戌亥爲空亡. 蓋空亡對衝爲太虛, 乃辰巳也. 戌亥是乾金之位, 在西極之北隅, 迤邐甲戌·甲申, 自乾南首. 故寅申巳亥四孤之地, 辰戌丑未五墓之鄕, 向戌未而東行, 順空亡而逆轉.

담영은 말한다.

甲子 旬에서는 戌·亥가 공망이다. 무릇 공망에 마주하여 부딪치는 것이 太虛이니 이는 辰·巳이다. 戌·亥는 乾金의 자리로서 西極의 북쪽 모퉁이에 있는데, 옆으로 비스듬하게 甲戌·甲申과 이어져 있어 乾으로부터 南方의 우두머리가 된다. 따라서 寅申巳亥 四孤와 辰戌丑未 五墓는 戌未를 향해 동쪽으로 움직이고 공망을 쫓아서 거꾸로 돈다.

> 8. 天元一氣, 定侯伯之遷榮; 支作人元, 運商徒而得失.
>
> 天元 一氣로는 侯伯의 榮轉을 정하고, 支로 人元을 만들어 商徒의 득실을 운명 짓는다.

王廷光曰: 貴者, 聖賢之所可及, 衆人無與焉[125]; 富者, 衆人之所可至, 在聖賢不足以言之.

---

125) 焉: 『낙록자부주』 新文豐 本에는 "焉"으로 되어 있다.

왕정광이 말하였다.

貴란 성현은 미칠 수 있는 바이지만 대중은 끼일 수 없고, 富란
대중이 이를 수 있는 바이지만 성현으로서는 언급하기에 부족하다.

“侯伯”者, 天下之貴者也, 故以天元一氣而推之; “商徒”者,
天下之所謂富者也, 故以支作人元而推之矣.

“侯伯”은 천하의 귀한 사람이므로 天元 一氣로써 추측하고, “商
徒”는 천하의 富者이므로 支로 人元을 만들어서 추측한다.

十干祿乃天元之一氣. 天祿之所司, 貴富而已. 或祿帶天德官印
貴食, 於五行四柱之中, 兼得生旺氣者, 則侯伯有遷榮之拜矣.

十干 祿은 天元 一氣이고, 天祿이 맡은 것은 富貴뿐이다. 혹 祿이
天德·官·印·貴·食을 띠고, 五行 四柱 중에 生旺한 氣를 겸하여
얻었다면, 侯伯은 관직에 榮轉이 있다.

支曰人元, 其有衝露, 言命之變, 則可以論商徒之得失矣.
如亥子水人得巳午火以爲命財, 或寅卯木人得申酉金以爲財鬼.
商賈之徒, 詳以人元定財物之得失. 餘皆倣此.

支를 人元이라 하며, 위로 치솟아 드러나 있어 命變을 말하므로
商徒의 得失을 논할 수 있다. 가령 亥·子 水人이 巳·午 火를 얻으

면 命의 財가 되고, 혹 寅·卯 木人이 申·酉 金을 얻으면 財鬼가 된
다. 장사의 무리들은 人元을 따져서 재물의 得失을 정한다. 나머지
도 모두 이에 준한다.

李仝曰: 十二支爲人元, 干者, 取根幹以得名; 支者, 象枝
條而立義. 十干象天而動, 十二支象地而靜.

이동이 말하였다.

12지가 人元이 되는데, 干은 근간을 취하여 이름한 것이고, 支
는 나뭇가지를 형상화하여 뜻을 세운 것이다. 十干은 하늘을 형
상화하여 움직이고, 十二支는 땅을 형상화하여 고요하다.

陽唱陰和, 夫行婦隨, 支配於干, 得以循環進退.

陽은 先唱하고 陰은 和答하며, 지아비는 先行하고 부인은 뒤따
르니, 支가 干을 짝하여 循環하고 進退할 수 있다.

又以納音爲地元. 凡看商賈之徒, 求財求福, 以十二支納音
詳之.

또 納音으로 地元을 삼는다. 무릇 장사하는 무리를 볼 때는 재
물과 복을 찾음에 있어 十二支 納音을 상세하게 살펴봐야 한다.

曇瑩曰: 沖氣舒而山川秀發, 日月出而天地清明, 陰陽在人
亦如此也. 向指天元清貴, 合言侯伯遷榮, 是知天元秀氣而吉
將加臨者, 人得之貴也; 支元純粹而四柱比和者, 人得之富也.

담영은 말한다.

沖氣가 펼쳐져 山川이 솟아오르고 흐르며, 日月이 나타나 天地
가 맑고 밝듯이, 陰陽과 사람의 관계도 역시 이와 같다. 위로 天元
의 清貴를 가리키고 합하여 侯伯의 榮轉을 말하였으니, 이로써 天
元의 秀氣에 吉將이 더 임한 것을 사람이 얻으면 貴하게 되고, 支
元의 순수함에 四柱가 조화로운 것을 사람이 얻으면 富하게 됨을
알겠다.

直云富與貴, 而不言貧與賤者, 何也? 反此則爲貧與賤耳! 須
觀有氣無氣, 當究進神退神. 故下文云 "財命有氣" · "財聚[126]
命衰"之謂也.

단지 富貴만 말하고 貧賤을 말하지 않은 것은 왜인가? 이와 반
대면 貧賤이 될 뿐이기 때문이다. 모름지기 有氣·無氣를 관찰하
고, 마땅히 進神·退神을 궁구하여야 한다. 그래서 다음 글에서
"財와 命에 氣가 있음"과 "財가 絕하고 命이 衰함"을 말한 것이다.

---

126) 聚: "絕"의 誤字로 보인다.

9. 但看財命有氣, 逢背祿而不貧; 若也財絕命衰, 縱建祿而
不富.

단지 재명이 유기하였으면 록을 뒤로 하여도 빈궁하지 않다고
보고, 만약 財가 絕하고 命이 衰하였으면 建祿이라도 富하지 못
한다.

王廷光曰: 人生以財命爲主. 五行所剋者謂之"財." "有氣"
謂財與命皆得寓之於五行生旺之地也. 雖四柱背祿, 使之無
官, 亦不至貧賤也. 或命與財二者無氣, 雖得建坐祿, 使有小
官, 亦不能致富貴也.

왕정광이 말하였다.

인생은 財와 命이 主가 된다. 五行이 극하는 것을 "財"라 하며,
"氣가 있다"는 것은 財와 命이 모두 五行 生旺 地에 살게 된 것을
말한다. 비록 四柱가 背祿하여 관직이 없게 하더라도 역시 貧賤하
게 되지 않는다. 혹 命과 財 둘 다 無氣하면, 비록 建을 얻고 祿에
앉아 작은 관직을 하더라도 역시 富貴에 이를 수는 없다.

譬之庚寅木人剋丙戌土爲財, 土旺在戌, 身命二木至東南,
戌雖背申之庚祿, 以其財命有氣, 逢背祿而不貧也. 若也 "財
絕命衰"者, 如甲辰生人得丙寅火, 以金爲財絕於寅, 辰土至

寅而爲命鬼, 兼遇空亡, 可謂財絶命衰矣. 雖月建坐祿, 以財命無氣, 所以 "縱建祿而不富"者也.

예컨대 庚寅 木人이 丙戌 土를 극하여 財가 되는데, 旺한 土가 戌에 있어 身과 命 두 개의 木이 東南에 이르면 戌이 비록 庚의 祿인 申을 등져도 財命이 有氣하므로 背祿을 만나도 빈궁하지 않다. "財가 絶하고 命이 衰"한 경우는, 가령 甲辰生人이 丙寅火를 얻었을 때, 金이 財가 되어 寅에서 끊어지고 辰土는 寅에 이르러 命(辰)의 鬼가 되며, 겸하여 공망(甲辰生人에 寅은 공망)을 만나니 財가 絶하고 命이 衰한다고 할 만하다. 비록 月建이 祿에 앉아도 財命이 無氣하므로 이 때문에 "비록 建祿이라도 부유하지 않은" 것이 된다.

李仝曰: 此言祿財命財在長生臨官帝旺有氣之鄕, 生者逢背祿而不貧. 如甲寅人生於戊辰月, 受胎於己未月, 又戊戌日丑時生, 甲寅祿命以土爲財, 如此者雖背祿, 一世富强, 名位發達, 官必崇顯.

이동이 말하였다.

여기서는 祿財 命財가 長生·臨官·帝旺 같은 氣가 있는 鄕에 있으면 生者가 背祿을 만나도 빈궁하지 않음을 말하였다. 가령 甲寅生人이 戊辰月에 태어나 己未月에 受胎하고 또 戊戌日 丑時에 태어났다면, 甲寅 祿命은 土를 財로 하니, 이 사람은 비록 背祿하나

한평생을 크게 富하고, 명성과 官位가 발달하고 벼슬은 반드시
높고 귀하다.

又若甲寅陽命生於乙亥月,　受胎[127]於丙寅月,　庚寅日辛巳
時, 此謂建祿, 一世貧窮, 常爲不義之徒. 故有官職, 亦須卑下.

또 만약 甲寅 陽命이 乙亥月에 태어나 丙寅月에 受胎하고 庚寅日
辛巳時에 태어났다면, 이는 建祿이지만 한평생을 貧窮하게 살고
항상 의롭지 못한 무리가 된다. 따라서 관직이 있더라도 또한 비
천하고 낮다.

又如壬子陽命男,　受胎於四月,　生於正月甲戌日丙寅時生,
此乃但爲富豪之人, 平生必無官職. 爲以火爲財, 生於有氣之
地, 土爲官是病絶之處. 故云富而無官, 又的然也. 其貧賤者,
生處俱弱, 不逢貴氣, 自可見也.

또 壬子 陽命 남자가 四月에 胎를 받고 正月 甲戌日 丙寅時에 태
어났다면, 이는 단지 富豪한 사람일 뿐 평생 필시 관직이 없다.
火가 財로써 有氣 地에서 生하고 土는 官이 되지만 이는 病絶 處이
기 때문이다. 그래서 富하지만 無官이라 하는데 또한 분명하다.
그 貧賤한 사람은 生處가 모두 약하니 貴氣를 만나지 못함은 저절

---

127) 於乙亥月受胎: 『신조주소낙록자삼명소식부』 판본에서는 "於丁巳月受胎"라 하였다.

로 볼 수 있다.

曇瑩曰: 前云: "以干爲祿, 向背定其貧富." 蓋指財命兩宮
各宜旺地. 又如庚申木命, 庚祿在申, 丁亥月中, 木生土旺,
順行大運, 背祿何貧? 又如火歸巳地逢金, 土向申中遇水, 皆
曰: "財命有氣", 雖背祿而不貧.

담영은 말한다.

앞에서 "干으로 祿을 삼아서 그 向背로 빈부를 정한다" 하였는
데, 대체로 財와 命 兩宮이 각각 旺地여야 함을 가리킨다. 또 가령
庚申 木命이면, 庚의 祿은 申에 있고 丁亥월의 木이 旺土에서 태어
나 대운이 順行하니, 背祿한들 어찌 빈궁하겠는가? 또 가령 火가
巳地에서 金을 만나고 土가 申을 향하는 중에 水를 만나면, 모두
"財와 命에 氣가 있는" 것이니 비록 背祿해도 빈궁하지 않다.

"財絶命衰"者, 如戊戌木命, 丁巳月生, 雖於建祿財鄕, 其
奈命衰財絶. 此法不但月上, 時日皆然. 故云"財絶命衰, 雖建
祿而不富."

"財가 絶하고 命이 衰한" 것은, 가령 戊戌 木命이 丁巳月 生이면
비록 建祿과 財鄕에서라도 命衰財絶을 어찌할 수 없다. 이 법은 月
에서뿐만 아니라 日과 時에서도 모두 그러하다. 그래서 "財가 絶

하고 命이 衰하면 비록 建祿이라도 부유하지 않다"고 한 것이다.

---

10. 若乃身旺鬼絶, 雖破命而長年; 鬼旺身衰, 逢建命而夭壽.

만일 身이 旺하고 鬼가 絶하면 비록 破命이어도 오래 살고, 鬼가 旺하고 身이 衰하면 建命을 만나도 요절한다.

王廷光曰: 五行之理, 能制物而不爲物之, 所制者, 勝爲物, 勝者爲鬼. 人受五行元氣, 必致勝物而不爲物之所剋也.

왕정광이 말하였다.

五行의 이치는 物을 제어할 수 있으며 物이 제어하는 바가 되지 않으니, 이긴 것은 物이 되고 이겨진 것(이김을 당한 것)은 鬼가 된다. 사람이 五行 元氣를 받을 때, 반드시 物을 이겨야 하고 物이 이긴 바가 되지 않아야 한다.

五行納音之爲身, 身之旺則剋我之鬼自然絶滅矣. 或鬼乘旺氣, 則我身必致衰矣. 是謂受制則夭, 制物則壽.

五行 納音이 身이 되니, 身이 旺하면 나를 극하는 鬼는 자연 滅絶된다. 혹 鬼가 旺한 氣를 타게 되면 내 몸은 반드시 쇠약해진다. 이것은 제어를 받으면 요절하고 物을 제어하면 장수함을 말한다.

譬之庚申木人得壬寅之金運, 金剋木爲鬼, 金絶於寅, 寅乃木旺之鄕, 然則寅申之破命, 以其身旺鬼絶, 雖破命復爲長年也. 或庚申木人, 得壬申之金, 金旺木絶在申, 是謂鬼旺而身衰者也. 雖二申建命, 亦不免於夭壽者歟.

예를 들어 庚申 木人이 壬寅의 金運을 얻으면 金剋木으로 鬼가 되지만 金은 寅에서 絶되고 寅은 木旺鄕이니, 寅申 破命은 身旺하고 鬼絶하기 때문에 비록 破命일지라도 다시 장수하게 된다. 혹 庚申 木人이 壬申의 金을 얻으면, 申에서 金旺 木絶 되니 이를 鬼旺하고 身衰한 자라 한다. 비록 두 개의 申이 建命하더라도 역시 요절을 면할 수 없는 자이다.

李仝曰: 身者以納音言之也, 以剋我者爲鬼. 十二支定壽數, 是命與身定其修短也.

이동이 말하였다.
身은 納音으로 말한 것이고, 나를 극하는 것을 鬼라 한다. 십이지로 수명을 정하니, 이는 命과 身은 그 길고 짧음을 정하는 것이다.

"身旺鬼絶"者, 如丙申火正月生, 衝破處水鬼病死, 卽是長年. "鬼旺身衰"者, 如己巳木人四月生, 納音木病金鬼長生, 雖建命必夭壽也.

"身이 旺하고 鬼가 絶하다"는 것은, 가령 丙申 火人이 正月生이면, 충파처(寅이 水鬼의 病地)에서 水鬼가 病死하니 이것은 長壽한다. "鬼가 旺하고 身이 衰하다"는 것은, 가령 己巳 木人이 四月生이면 納音 木(身)은 金鬼의 장생지(巳)에서 病處가 되니, 비록 建命이더라도 반드시 夭折한다.

舊書云: "建命主長壽, 破命主夭殤." 故『竹輪經』云: "建命未必延長, 破命未必夭壽", 珞琭子所以消息也.

고서에서는 "建命은 주로 長壽하고 破命은 주로 요절한다"고 하였다. 그래서『竹輪經』에서는 말하길 "建命이라고 반드시 장수하지는 않고 破命이라고 夭折하지는 않는다"고 하였으니 낙록자에서 소식을 말하는 이유이다.

曇瑩曰: 以其本命旺宮逢絶鬼者是也. 又如火在巳宮值水, 木居寅地逢金; 土向申鄕遇木; 金歸亥中逢火. 設處反吟六害, 雖破命而長年.

담영은 말한다.
그 本命이 旺宮에서 絶鬼를 만난 것이 이것이다. 또 이를테면, 火가 巳宮에서 水를 만나고, 木이 寅地에 머물며 金을 만나고, 土가 申을 향하며 木을 만나며, 金이 亥로 돌아오는 중에 火를 만나는 것이니, 설령 反吟·六害에 처하고 비록 破命일지라도 오래 산다.

以其本命衰鄕, 逢旺鬼者是也. 又如土到寅中見木; 火歸亥
地逢水; 金在午鄕得火; 木居申位逢金. 故云: "鬼旺身衰, 逢
建命而夭壽."

그 本命이 衰鄕에서 旺鬼를 만난 것이 이것이다. 또 이를테면,
土가 寅中에 이르러 木을 보고, 火가 亥地로 돌아와 水를 만나고,
金이 午鄕에 있으면서 火를 얻고, 木이 申에 있으며 金을 만나는
것이다. 그래서 "鬼가 旺하고 身이 衰하면 建命을 만나도 요절한
다"고 한 것이다.

---

11. 背祿逐馬, 守窮途而恓惶; 祿馬同鄕, 不三台而八座.

祿을 등지고 馬를 쫓으면 막다른 길을 지키면서 허둥거리고,
祿馬가 同鄕이면 三公 아니면 팔좌에 앉는다.

王廷光曰: 祿者所謂爵祿之祿也, 馬者所謂車馬之馬也. 人
得之則榮, 失之則辱. 天下之榮辱, 有祿馬之在元命矣, 況祿馬
爲貴煞之窮也. 人所不知者, 其祿馬有死活馬.

왕정광이 말하였다.

祿이란 벼슬의 祿을 말하고, 馬란 車馬의 馬를 말한다. 사람이
그것을 얻으면 영화롭고 잃으면 욕이 된다. 천하의 영욕은 祿馬
가 元命에 있느냐에 달려 있으며, 하물며 祿馬는 貴煞의 窮極이 된
다. 사람들이 알지 못하는 것은 그 祿馬에 死活이 있다는 점이다.

譬如甲人祿在寅, 寅爲死祿, 以五子元遁甲至戌, 乃爲活祿
也. 蓋戌爲祿堂者歟.

예컨대 甲人의 祿은 寅에 있으나 寅은 死祿이 되고, 五子元遁法
으로 甲이 戌에 이르면 이에 活祿이 된다. 대체로 戌이 祿堂이 된
것이다.

甲子人驛馬在寅, 寅爲驛, 乃當生之死驛耳. 遁見丙寅, 甲
人以丙爲活馬也. 申子人逢甲爲活祿, 遇丙爲活馬, 以寅爲死
祿馬耳.

甲子人 驛馬는 寅에 있고 寅이 驛이 되나, 바로 當生의 死驛일 뿐
이다. 五子元遁法으로 丙寅을 보면, 甲人은 丙으로 活馬가 된다. 申
子인은 甲을 만나면 活祿이 되고 丙을 만나면 活馬가 되니, 寅으로
말미암아 死祿馬가 되는 것일 뿐이다.

所謂 "背祿逐馬"者, 舊說以甲戌人四月生, 背寅祿而逐申

馬, 義亦非也.

　소위 "背祿逐馬"에 대해, 舊說에 甲戌人이 4月생이면 寅祿을 뒤따르고 申馬를 좇아간다고 하였으나, 의미가 틀렸다.

　蓋是祿馬皆可以致富貴, 旣有馬之可逐, 安得守窮途而悑惶者哉? 蓋背如陰陽之相背, 非所謂向人也; 逐者如其散逐之逐, 非謂追也.

　대체로 祿馬는 富貴에 이를 수 있으니, 이미 따를 수 있는 馬가 있는데 어찌 막다른 것을 지키면서 허둥거리겠는가? 대체로 背는 陰陽이 서로 등진다고 할 때와 같은 의미이지 소위 사람을 뒤따른다는 것은 아니며, 逐은 흩트려 내쫓는다는 逐이지 쫓아감을 말하는 것은 아니다.

　祿馬二者皆失, 所以 "守窮途而悑惶"也. 猶之癸亥人得正月甲寅, 癸祿在子, 寅以背之. 驛馬在巳, 寅以刑之. 前因刑而逐去其馬, 後因背而不能及祿, 二者俱失, 斯所謂 "守窮途而悑惶"者歟. 蓋馬貴乎乘之, 若逐之則非也.

　祿馬 둘을 모두 잃었으므로 "막다른 길을 지키면서 허둥거리는" 것이다. 마치 癸亥人이 正月에 나서 甲寅을 얻은 것과 같으니, 癸의 祿은 子에 있으나 寅이 그것을 등지고, 驛馬는 巳에 있으나

寅으로 刑하고 있다. 앞은 刑을 당해 馬를 逐去하고, 뒤는 등지고 있어 祿에 미칠 수 없어서 祿馬 둘을 모두 잃게 되었으니, 이것이 소위 "막다른 길을 지키면서 허둥거린다"는 것이다. 대체로 馬는 올라타는 것이 귀하니, 내쫓으면 안 되는 것이다.

"祿馬同鄕"者, 如甲申生人, 丁丑月己亥日丙寅時命, 生時於帝座上會, 祿馬同鄕, 兼甲申·己亥·丙寅皆禀五行淸明生氣. 故應末候於生時, 是命晚年有非常之遇, 所以位至三公, 壽踰七十.

"祿馬가 同鄕"이라는 것은, 가령 甲申生이 丁丑月·己亥日·丙寅時 命이면, 生時가 帝의 자리 위에서 모였으니 祿인 寅과 馬인 丙이 同鄕이며, 겸하여 甲申·己亥·丙寅 모두 五行의 청명한 생기를 품부 받았다. 따라서 生時에서 말년의 운수에 응하니, 이 命은 만년에 비상한 기회가 있어서 자리가 三公에 이르고 수명은 칠십을 넘는 것이다.

李仝曰: 『竹輪經』云: "祿馬在面前, 在背後."[128] 向前趂馬, 祿又不來, 廻住[129]待祿, 馬又漸遠. 縱有衣食, 不免勞苦.

이동이 말하였다.

---

128) 祿馬在面前, 在背後: 『신조주소낙록자삼명소식부』에는 "馬在面前, 祿在背後"라 하였다.
129) 住: 『낙록자부주』新文豐 本에는 "往"으로 되어 있다.

『竹輪經』에 이르길, "祿馬는 면전에 있기도 하고 등 뒤에 있기도 한다"고 하였다. 앞을 향해 마를 쫓아가면 녹이 또 오지 않고, 뒤로 돌아가 녹을 기다리면 말이 또 점점 멀어진다. 비록 입을 것과 먹을 것이 있다 해도, 勞苦를 피하기 어렵다.

假令甲戌男四月生, 是背祿逐馬也. 假令六甲申子辰人, 正月生之類, 不惟生月. 若生日·生時遇之, 尤貴也.

가령 甲戌 男이 4월에 태어나면 背祿逐馬가 된다. 가령 六甲 申·子·辰 人이 正月生일 경우로, 生月뿐 아니고 生日, 生時에 있다면 더욱 貴하다.

曇瑩曰: 每見貴人食祿, 無非在祿馬之鄉. 大都得福享壽, 無出祿馬矣.

담영은 말한다.
매번 貴人의 食祿을 보니 祿馬 鄉에 있지 않은 것이 없었다. 대체로 福을 얻고 장수를 누리는 것은 祿馬에서 벗어나지 않는다.

今言背祿逐馬, 人得之賤也. 運居中道而財命休囚, 馬旣疾矣, 祿又背矣, 安得不困苦哉? 自"財命有氣" 至"窮途恓惶", 反復道也.

오늘날 背祿逐馬는 사람이 그것을 얻으면 賤하다고 한다. 運이 中道에 있으면서 財命이 休囚하면, 馬는 이미 병들고 祿 또한 등졌으니 어찌 곤궁하지 않겠는가? "財와 命에 氣가 있다"부터 "막다른 길에서 허둥거린다"까지는 반복해 말한 것이다.

"祿馬同鄕", 用日干得祿, 時干遁馬, 五子元求之, 則可知也. 假令庚午人得壬辰日丁未時, 便以丁壬庚子遁至戊申, 緣庚祿午馬在申, 故也. 又與本命相得者尤嘉.

"祿馬가 同鄕"인 것은, 日干을 써서 祿을 얻고, 時干으로 馬를 숨겨 五子元으로 구하면 알 수 있다. 가령 庚午人이 壬辰日 丁未 時일 때, 곧바로 丁과 壬을 庚子時에 숨겨서 戊申에 이르는 것이니, 庚의 祿과 午의 馬가 申에 있기 때문이다. 또한 本命에서 함께 서로 얻으면 더욱 기쁘다.

---

12. 官崇位顯,[130] 定知夾祿之鄕; 小盈大虧, 恐是劫財之地

관직이 높고 지위가 드러나니 바로 夾祿의 鄕임을 알겠고, 작게 차고 크게 이지러지니 아마도 劫財의 땅일 것이다.

王廷光曰 鬼谷子云: "祿馬在望, 則官崇而位顯." 譬之癸祿

130) 官崇位顯: 『낙록자삼명소식부주』에는 "官崇祿顯"으로 되어 있다.

在子, 子之前後辰遇癸, 四柱得之者曰 '夾祿', 又謂之'拱祿.' 祿特虛拱以待用, 及癸水旺於子, 祿之所主者官爵也. 如此則官爵自然崇顯也.

왕정광이 말하였다.

귀곡자가 말하길, "祿馬가 바라보는 곳에 있으면 관직이 높고 자리가 드러난다"고 하였다. 예컨대 癸의 祿은 子에 있으며, 子의 앞뒤 辰이 癸를 만나는 四柱를 '夾祿'이라 하고 또 '拱祿'이라고도 한다. 祿은 특히 虛拱하며 쓰기를 기다리고 癸水에 이르러 子에서 왕성해지는데, 祿이 주관하는 것은 官爵이다. 이와 같다면 官爵은 자연히 높고 드러난다.

"小盈大虧"者, 如丁丑得丙寅, 水以剋火爲財, 丙寅乃自生之火, 則可謂小盈. 丑人以孤劫在寅, 丑土受寅木之制而爲財化鬼歟, 斯所以爲大虧矣.

"작게 차고 크게 이지러진다"는 말을 보자면, 가령 丁丑이 丙寅을 얻으면 水가 火를 극하여 財가 되며, 丙寅은 自生之火이니 小盈이라 말할 수 있다. 丑人은 寅에서 孤劫이 되니, 丑土가 寅木의 제어를 받아 財가 되면서 鬼로 化하니, 이것이 크게 이지러지는 까닭이다.

夫劫煞者, 乃巳酉丑金, 至寅而絶也. 絶中逢劫, 雖有小盈
而致大虧者歟!

대저 劫煞이란 巳·酉·丑 金이 寅에 이르면 絶하는 것이다. 絶
한 가운데 劫을 만나니, 비록 조금은 차지만 크게 이지러짐에 이
르는 것이다.

李소曰: "小盈"者, 謂祿命雖有三二吉處, 若值劫財之地,
則爲大虧也. 此出『洞靈秘論』, 三命以財旺爲吉, 人以有財
爲福.

이동이 말하였다.
"小盈"이라는 것은 祿命이 비록 두세 곳 吉한 데가 있어도 劫財
地를 만나게 되면 크게 이지러지는 것을 말한다. 이는『洞靈秘論』
에 나오는 것이다. 三命은 財의 旺함을 吉로 삼고 사람은 財가 있
는 것을 福으로 여긴다.

曇瑩曰: 官印爲天祿同官者, 人得之貴也. 如戊逢乙巳, 壬
得己亥, 丙遇癸巳, 癸逢戊子. 然則天官夾祿, 無不出羣, 其
中會吉會凶, 曾未定也.

담영은 말한다.
官印은 天祿과 같은 官으로 사람이 그것을 얻으면 貴해진다. 이

를테면 戊가 乙巳를 만나고, 壬이 己亥를 얻고, 丙이 癸巳를 만나고, 癸가 戊子를 만나는 것이다. 그러므로 天官이 夾祿하면 무리에서 벗어나지 않음이 없으며, 그중에서 吉을 만날지 凶을 만날지는 미리 정해지지 않는다.

又如丙辰土命, 癸巳月生, 丙祿在巳. 土以水爲財, 劫煞却居巳, 財旣絶矣, 命又衰矣, 則曰: "小盈大虧, 恐是劫財之地."

또 가령 丙辰 土命이 癸巳月 生이면, 丙의 祿이 巳에 있고 土는 水를 財로 삼지만, 劫煞이 도리어 巳에서 자리 잡으니 財는 이미 絶하고 命 또한 衰하므로, 바로 "작게 차고 크게 이지러지니 아마도 劫財의 땅일 것이다"라고 한다.

---

13. 生月帶祿, 入仕居赫奕之尊; 重犯奇儀, 蘊藉抱出羣之器.

生月에 祿을 가지니 벼슬이 빛나며 존귀한 자리에 거하고, 거듭 奇儀를 범하니 度量이 무리에서 뛰어난 器局을 품는다.

王廷光曰: 所謂祿以代耕, 則指貴者之事, 而耕者則指賤, 而在野者言之也. 以祿爲貴者之事, 故云 "居赫奕之尊." 『經』云: "天祿者, 享貴富之最, 奇儀者, 資出倫之材."

왕정광이 말하였다.

소위 祿은 밭가는 일 대신이니 귀한 자의 일을 가리키고, 밭가는 자는 賤人을 가리키니 들판에 있는 자를 말한다. 祿을 귀한 자의 일로 삼으므로 "빛나며 존귀한 자리에 거한다"고 말하였다. 『경』에 이르길 "天祿은 최고의 富貴를 누리는 것이고, 奇儀는 무리에서 뛰어난 재주를 바탕으로 삼는다"고 하였다.

珞琭子云 "生月爲運元, 或帶天祿生旺之氣, 而行運者, 則平生溫厚爲福之多也." 然擧以生月, 如生日生時皆欲得冠帶天祿, 爲福之厚也. 或四柱五行互相帶祿, 兼乘生旺之氣者, 則入仕多居赫奕之尊矣. 所謂 "帶祿"者, 不必謂專生天祿者也. 如甲祿在寅, 寅午戌中見甲者, 皆是也.

낙록자는 "生月은 運元이 되므로, 혹 天祿이 生旺한 氣를 가지고 있고 순행하는 運이면 평생 溫厚하여 福이 됨이 많다"고 여겼다. 하지만 生月만 들었는데, 만약 生日과 生時가 모두 冠帶·天祿을 얻고자 한다면 福이 두텁게 된다. 혹 四柱 五行이 서로 祿을 띠고 겸하여 生旺의 氣를 타면, 벼슬이 빛나며 존귀한 자리에 거하게 된다. 소위 "帶祿"이란 홀로 천록이 생겨난다고 말할 필요는 없다. 가령 甲의 祿이 寅에 있을 때, 寅午戌 중에서 甲을 보는 것이 모두 이것이다.

"重犯奇儀"者, 乙丙丁爲三奇, 戊己庚辛壬癸爲六儀, 十干用九, 而隨去其甲者之謂奇儀也. 如乙巳生得辛巳月日, 辛爲儀, 乙日奇. 乙以辛巳爲生成官, 又坐官祿長生學館, 二巳乃重犯奇儀矣. 或謂辛巳人得丙申月·丙辰日, 是一儀合二奇. 此亦謂之, 二生犯奇儀者也.

"거듭 奇儀를 범한다"는 것은, 乙丙丁은 三奇이고 戊·己·庚·辛·壬·癸는 六儀인데, 十干이 아홉을 써서 그 甲을 따라가는 것을 奇儀라고 한다. 가령 乙巳生이 辛巳月日을 얻으면 辛이 儀가 되고, 乙日이 奇가 된다. 乙은 辛巳로 生成 官을 삼고 또 官祿·長生·學館에 앉으니, 두 개의 巳가 거듭 奇儀를 범한 것이다. 혹은 辛巳人이 丙申月 丙辰日을 얻은 것이라고도 하는데, 이것은 一儀에 二奇가 합한 것이니, 이 역시 二生이 奇儀를 범한 것이라고 말한다.

"奇儀"者, 天地陰陽耦合英秀之氣. 宜爲學者約之, 故曰 "蘊抱出羣之器."

"奇儀"는 天地 陰陽이 짝을 만난 때의 빼어난 氣이니, 학자가 그것으로 단속함이 마땅하므로 "度量이 무리에서 뛰어난 器局을 품는다"고 한 것이다.

李仝曰: 生月日時併帶本祿, 若入仕, 必須官職崇顯也. 奇

者指乙丙丁; 甲戊庚爲三奇也. 儀者常以子加於寅, 順數至年, 月見本命, 卽是 "重犯奇儀"也.131)

이동이 말하였다.

生月·日·時가 아울러 本祿을 지니면, 만약 벼슬살이를 하면 반드시 관직이 높고 드러난다. 奇는 乙丙丁, 甲戊庚이 三奇가 됨을 가리킨다. 儀는 늘 子로써 寅에 더하고, 數를 따라 年에 이르는데, 月이 本命을 보는 것이 바로 "奇儀를 거듭 범하는 것"이다.

曇瑩曰: 本命祿元與生月同者是也. 其祿元用日干求之. 假令庚子人, 甲申月, 但得乙·庚之日, 便用丙子推之, 甲申是也. 其生月帶祿, 幷祿馬同鄉, 但得天元與納音同者, 亦可言之.

담영은 말한다.

本命 祿元과 生月이 같다는 것이 이것(生月帶祿)이다. 그 祿元은 日干에서 구하여 쓴다. 가령 庚子人이 甲申月에 단지 乙·庚日을 얻어 문득 丙子를 (時로)밀어 올려 쓰게 되면 甲申時가 되는 것이다. 生月이 祿을 지니고 아울러 祿馬가 同鄉이면서 단 天元과 納音이 같다면, 역시 같다고 말할 수 있다.

甲戊庚·乙丙丁, 法天地二儀, 此云: 三奇也. 重犯者, 居

赫奕之尊, 抱出羣之器.

甲·戊·庚과 乙·丙·丁은 天地 二儀를 본받은 것으로, 여기서
는 三奇라 하였다. 거듭 범한 자는 빛나며 존귀한 자리에 거하고,
무리에서 뛰어난 器局을 품는다.

---

14. 陰男陽女, 時觀出入之年; 陰女陽男, 更看元辰之歲.[132]

陰年에 태어난 남자와 陽年에 태어난 여자는 때때로 출입하는
해를 보고, 陰年에 태어난 여자와 陽年에 태어난 남자는 다시
금 元辰의 해를 본다.

王廷光曰: 陽男也, 或禀五行之陰而生, 則謂之陰男也; 女
陰也, 或受五行之陽而生, 則謂之陽女也. 陰男陽女禀五行之
氣不順, 是以大運歷過去節氣.

왕정광이 말하였다.

남자는 陽이지만 혹 五行의 陰을 받고 태어나면 그를 일러 陰男
이라 하고, 여자는 陰이지만 혹 五行의 陽을 받고 태어나면 그를
일러 陽女라 한다. 陰男陽女는 품부 받은 五行의 기운이 불순하므
로, 이 때문에 大運이 過去 節氣를 지난다.

---

132) 陰男陽女, 時觀出入之年; 陰女陽男, 更看元辰之歲:『신조주소낙록자삼명소식부』에는 "陽男陰
女, 時觀出入之年. 陰男陽女, 更看元辰之歲"라 하였다.

不順者, 時觀出運入運之年, 而有吉凶之變; 氣順者, 雖不
以出入之年爲應, 亦不可與元辰之厄會.

氣가 不順한 자는 때때로 運이 나가고 들어가는 해를 관찰하더
라도 吉凶의 변화가 있고, 氣가 順한 자는 비록 出入하는 해와 대
응하지는 않지만 또한 元辰의 厄을 만나는 것은 불가하다.

李仝曰: 凡出運入運時多主災滯, 衝前一辰爲元辰. 若大小
二運太歲併逢於元辰, 有災滯決矣.

이동이 말하였다.
무릇 運이 나가고 들어올 때 재앙이 정체됨이 많으며, 충하기
전의 一辰이 元辰이 된다. 만일 大小 두 운과 태세가 함께 元辰에
서 만나면, 분명히 재앙이 정체된다.

曇瑩曰: 男女之別, 男尊女卑, 陽位本男, 陰位本女. 今言
陰男陽女, 失其序矣. 旣失其序, 則運有逆順也.

담영은 말한다.
男女의 구별에 있어 남자가 존귀하고 여자가 천한데, 陽의 자
리는 본래 남자의 것이고 陰의 자리는 본래 여자의 것이다. 지금
陰男陽女를 말했으니, 그 질서를 잃어버린 것이다. 질서를 잃었으
니 運에는 逆順이 있는 것이다.

大運出入之年, 慮招不測之咎, 陽男陰女各得其宜. 大運遷
變之年, 更看元辰等煞, 是故吉凶悔吝, 生乎動者也.

大運이 出入하는 해에는 예측하지 못하는 재앙을 걱정하게 되
나 陽男陰女는 각기 그 마땅함을 얻는다. 대운이 변해 옮겨 가는
해에는 원진살 등을 다시금 살펴보니, 이 때문에 吉凶에 다른 후
회가 생겨나 움직이는 것이다.

---

15. 與生地之相逢, 宜退身而避位. 凶會吉會, 伏吟反吟,
    陰錯陽差, 天衝地擊.

태어난 땅에서 서로 만나면, 몸을 물리고 자리를 피하는 것이
마땅하다. 凶會와 吉會가 있고 伏吟과 反吟이 있으니, 陰이 錯하
고 陽이 差하며 天이 衝하고 地가 擊한다.

王廷光曰: 五行有父子相繼之道. 蓋父壯則子幼, 子強則父
衰, 所謂 "與生地之相逢." 如戊申得壬申, 戊申自生之土, 則生
壬申之金. 金至申而臨官, 土信金義, 父傳子道也.

왕정광이 말하였다.
五行에는 父子가 서로 계승하는 이치가 있다. 대체로 아비가 건
장하면 자식은 어리고 자식이 강하면 아비는 쇠약하니, 소위 "태

어난 땅에서 서로 만나는" 것이다. 가령 戊申이 壬申을 얻게 되면, 戊申은 自生之土이니 壬申之金을 生한다. 金이 申에 이르면 臨官인데, 土는 신의가 있고 金은 의리가 있으므로 아비가 자식에게 道를 전한다.

及其子父同處, 子旣往矣, 父以功成, 自當告退. 蓋生者不生, 物不兩立者歟. 是知五行他生而我休, 子代父位也. 故曰 "與生地之相逢, 宜退身而避位"耳.

그 아비와 자식이 함께 처함에 미쳐서는, 자식이 이미 갔으므로 아비는 공을 이룬 것으로 스스로 떠남을 알려야 한다. 대체로 낳은 자는 살지 못하니, 만물은 양립할 수 없는 것이다. 이로써 五行이 남을 生하면 나는 쉬어야 하므로 자식이 부모의 자리를 대신함을 알겠다. 그래서 "태어난 땅에서 서로 만나면, 몸을 물리고 자리를 피하는 것이 마땅하다"고 한 것이다.

"凶會吉會"者, 如癸亥人三元受水一氣, 或行年歲運會於己卯, 水死於卯, 而遇己卯土爲鬼, 則祿命身三元皆死, 故曰 "凶會."

"凶會와 吉會"를 보자면, 가령 癸亥人이 三元 모두가 水 一氣일 때, 혹 행년 세운에서 己卯를 만나면 水는 卯에서 死하며 己卯 土

를 만나 鬼가 되었으므로, 祿·命·身 三元 모두 死하니 그래서 "凶會"라 한다.

一說以行年歲運祿馬, 五處皆在生旺之地, 而來共生我元命之謂吉會, 皆來剋我之謂凶會也.

일설에 행년 세운이 祿馬이고 五處 모두 生旺 地에 있으면서 함께 와 나의 元命을 生하는 것을 吉會라 하고, 모두 와서 나를 극하는 것을 凶會라 하였다.

衝命一辰曰 "反吟"·"陰錯陽差"者, 物以陽熙以陰凝, 二氣不相戾, 故天地相合以降甘露. 此言其向而不乖也. 以陰遇陰曰錯, 以陽遇陽曰差. 純陰則不成, 純陽則不生. 此所謂 "陰陽差錯"者歟. 人之一身, 陰錯陽差, 則非正也. 故所作多奇而不耦矣.

命을 충하는 一辰을 "反吟"이라 하는 것과 "陰이 錯하고 陽이 差한다"는 말을 보자면, 사물은 陽으로 빛나고 陰으로 엉기니, 二氣는 서로 어긋나지 않으므로 天地가 相合하여 은택을 내려준다. 이는 그 방향이 어긋나지 않음을 말한다. 陰이 陰을 만날 때를 '錯'이라 하고, 陽이 陽을 만날 때를 '差'라 하니, 純陰은 이루지 못하고, 純陽은 生하지 못한다. 이것이 소위 이른 바 "陰陽이 差錯한다"는 것이다. 사람의 신체도 陰錯陽差하면 바르지 않다. 그래서 하는 일이 奇가 많고 짝을 이루지 못하게 된다.

"天衝地擊"者, 戌亥曰天羅, 辰巳爲地網, 衝擊乃五行陰陽絶滅之地. 歲運得此, 更在返吟·伏吟之上, 則其爲凶爲禍可知也. 四柱寓於其上, 縱貴而不壽.

"天이 衝하고 地가 擊한다"는 것을 보자면, 戌·亥를 天羅라 하고 辰·巳는 地網이 되며 衝擊은 바로 五行 陰陽의 絶滅 地이다. 세운이 이를 얻고 재차 返吟·伏吟 위에 있으면 凶이 되고 禍가 됨을 알 수 있다. 四柱가 그 위에 머무르게 되면 비록 貴하더라도 장수하지 못한다.

李仝曰: 此四句言五行災福變通不定, 不可執一而言也. 凶會之中復有吉者, 吉會之中復有凶者.

이동이 말하였다.
이 네 구절은, 五行의 재앙과 복은 변통하며 일정하지 않으므로 한 가지를 고집해 말해서는 안 됨을 말하였다. 凶會 가운데 다시 吉함이 있고, 吉會 가운데 다시 凶함이 있다.

反吟伏吟合災却有四, 主本相救則吉. 若胎月日時俱弱, 方有凶會.

反吟과 伏吟이 재앙과 合하는 데는 네 가지가 있으니, 本主가 서로 구해 주면 吉하다. 만약 胎月·日·時가 모두 약하면 바야흐로 凶會가 있게 된다.

陰錯謂陽女陰男元辰在衝後一辰,　陽差謂陽男陰女元辰在衝前一辰. "天衝"者謂戌亥爲天門, "地擊"者謂辰巳爲地戶. 言有差錯·衝擊神, 是孤虛神也.

陰錯은 陽女陰男의 元辰이 衝 뒤 一辰에 있는 것을 말하고, 陽差는 陽男陰女의 元辰이 衝 앞 一辰에 있는 것을 말한다. "天衝"은 戌·亥이 天門이 되는 것을 말하고, "地擊"은 辰·巳가 地戶가 되는 것을 말한다. 差錯과 衝擊 神이 있으면 이는 孤虛 神임을 말한다.

曇瑩曰: 古所謂 "不知命, 無以爲君子." 蓋命者, 天之黙定也, 若知進退存亡. 其惟聖人乎!

담영은 말한다.
옛날의 이른바 "命을 알지 못하면 군자가 될 수 없다"는 것이다. 대체로 命이란 하늘이 묵묵히 정한 것이니, 만일 進退와 存亡을 안다면 아마도 聖人일 것이다.

"與生地之相逢, 宜退身避位"者, 本命長生中逢旺鬼是也. 卽如金逢乙巳火, 土遇庚申木, 火見甲寅水, 木逢辛亥金, 得之於四柱, 或臨大運者, 宜以節用謹身, 退身避位.

"태어난 땅에서 서로 만나면, 몸을 물리고 자리를 피하는 것이 마땅하다"는 것은, 本命 長生 중에 旺鬼를 만남이 이것이다. 즉, 이를테면 金이 乙巳 火를 만나고, 土가 庚申 木을 만나며, 火가 甲寅 水를 보고, 木이 신해 金을 만나는 것이니, 사주에서 만나거나 혹은 대운에 임한 자는 아껴 쓰며 근신하고 몸을 물려 자리를 피함이 마땅하다.

陰陽五位支干四柱互相暗戰, 謂之駁雜. 伏吟反吟會凶會吉, 曾未定也.

陰陽 다섯 자리의 干支가 四柱에서 서로 싸우는 것을 '駁雜'이라 한다. 伏吟·反吟과 會凶·會吉은 미리 정해지지 않는다.

且如甲子金命, 伏吟庚子土爲吉, 戊子火爲凶; 反吟以戊午火爲凶, 庚午土爲吉.

가령 甲子 金命일 때, 伏吟은 庚子 土는 吉하나 戊子 火는 凶하고, 反吟은 戊午 火는 凶하고 庚午 土는 吉하다.

切忌陰錯陽差, 天衝地擊, 如其甲木畏於庚金, 子水傷於午火.

陰이 錯하고 陽이 差하며 天이 衝하고 地가 擊함을 절대로 꺼리니, 이를테면 그 甲木은 庚金을 두려워하고 子水는 午火에게 상해를 입는다.

---

16. 或逢四煞五鬼, 六害七傷, 地網天羅, 三元九宮, 福臻成慶, 禍併危疑. 扶分速速, 抑乃遲遲.

혹 四煞과 五鬼, 六害와 七傷, 地網과 天羅를 만나는데, 三元과 九宮에는 福이 이르면 경사를 이루고 禍가 함께 하면 의구심을 가진다. 도와줌은 빠르고 억제함은 더디다.

王廷光曰: 五行之秀氣爲冲和, 爲福祥, 夫何故? 以得氣之正也. 反此則爲煞爲鬼爲害爲傷之類是也. 窮理可以知幽明之微, 盡性可以知生死之妙.

왕정광이 말하였다.

五行의 秀氣는 冲和한 元氣가 되고 福祥이 되니, 무슨 까닭인가? 바른 氣를 얻었기 때문이다. 이와 반대가 되면 煞이 되고 鬼가 되고 害가 되고 傷이 되는 등의 유가 이것이다. 궁리하면 幽明의 은미함을 알 수 있고, 性을 다하면 生死의 오묘함을 알 수 있다.

所爲 "四煞五鬼"者, 或謂命前四辰曰四煞, 生死旺三鬼呼
爲五鬼者, 非也.

소위 "四煞과 五鬼"를 보자면, 혹 命 앞의 四辰을 四煞이라 하고
生死旺 三鬼를 五鬼라 부르는데, 그렇지 않다.

"四煞"者, 寅申巳亥四衝之劫者是也.

"四煞"이란 寅申巳亥 四衝의 劫者가 이것이다.

"五鬼"者, 以納音剋我之謂鬼, 鬼在生敗旺死絶五處見者是也.

"五鬼"란 納音으로 나를 극하는 것을 '鬼'라 하는데, 鬼가 生·敗·
旺·死·絶 다섯 곳에서 보이는 것이 이것이다.

"六害"者, 如寅人得巳, 卯人得辰者是也.

"六害"란 寅人이 巳를 얻고 卯人이 辰을 얻음 같은 것이 이것이다.

命如逢四煞劫會, 五鬼相臨, 六害集命, 斯人也必主七傷之事.

命이 四煞 劫會를 만나고 五鬼가 相臨하며 六害가 모여 있으면,
이 사람은 반드시 七傷의 일을 주관한다.

"七傷"者, 傷害父母妻子兄弟自身是也.

"七傷"은 父母, 妻子, 兄弟, 自身을 傷害하는 것이 이것이다.

"天羅地網", 乃陽氣入墓絶滅之地, 遇者故多凶也.

"天羅와 地網"은 陽氣가 묘지에 들어가 絶滅되는 땅이므로, 만나면 따라서 凶이 많다.

然已上皆神煞之爲凶, 或三元九宮, 五行生旺, 爲福之臻, 尚可以成吉慶耳. 蓋五行爲神煞之先, 或以値凶煞者, 兼三元九宮五行四柱又在衰敗之地, 所謂禍倂危疑者歟. 是謂煞扶兮速速成灾, 福抑乃遲遲爲慶.

그런데 이상은 모두 凶이 되는 神煞이지만, 혹 三元 九宮이 五行 生旺하면 福이 이르는 곳이 되어 오히려 吉한 경사를 이룰 수 있다. 대체로 五行은 神煞보다 앞서므로, 혹 凶煞과 만난 자는 겸하여 三元 九宮 五行 四柱가 또 衰敗 地에 있으니, 소위 "禍가 함께 하면 의구심을 가진다"는 것이다. 이것은 煞은 도움받아 빠르게 재앙을 이루고, 福은 억제되어 더디게 경사가 됨을 말한다.

李仝曰: 一吉二宜三生四殺五鬼六害七傷八難九厄, 此是三元九宮內諸神煞之名. 此言九宮之法及地網天羅. 若祿命吉會, 九宮又吉, 則是福臻成慶, 言得福神相扶. 故云 "扶兮速速"也. 若祿命災期, 九宮不吉, 又遇地網天羅, 則是禍倂危疑, 言其無福神相扶. 故云 "抑乃遲遲"也.

이동이 말하였다.

一吉·二宜·三生·四殺·五鬼·六害·七傷·八難·九厄은 三元九宮 안에 있는 여러 神煞의 명칭이다. 여기서는 九宮의 법과 地網·天羅를 말하였다. 만일 祿命이 吉會이고 九宮 또한 吉하면, 이는 福이 이르고 경사가 이루어진 것이니 福神이 서로 돕는다고 말할 수 있다. 그래서 "도와줌은 빠르다"고 한 것이다. 만일 祿命이 災期이고 九宮은 吉하지 않은데 또 地網·天羅를 만나면, 이는 禍가 함께 해서 의구심을 가지는 것이니 서로 도와주는 福神이 없다고 말할 수 있다. 그래서 "억제함은 더디다"고 한 것이다.

曇瑩曰: 四煞謂辰戌丑未, 五鬼謂五行之鬼, 六害謂寅巳之類, 七傷謂劫煞等神. 戌亥謂之天羅, 辰巳謂之地網, 相得者爲吉, 相剋者爲凶.

담영은 말한다.

四煞은 辰·戌·丑·未를 말하고, 五鬼는 五行의 鬼를 말하며, 六害는 寅·巳 종류를 말하고, 七傷은 劫煞 등의 神을 말한다. 戌·亥를 天羅라 하고 辰·巳를 地網이라 하며, 서로 득하면 吉이 되고

서로 극하면 凶이 된다.

　　禍倂則危疑, 福臻則成慶. 福輕乎羽, 扶分速速. 禍重於地, 抑乃遲遲. 其發若機括, 其由是非之謂也.[133]

　　禍가 같이 오면 의구심을 가지고, 福이 이르면 경사를 이룬다. 福은 깃털보다 가벼우니 도와줌이 빠르고, 禍는 땅보다 무거우니 억제함이 더디다. 그 발현됨은 마치 쇠뇌로 화살을 쏘는 듯한데, 是非를 통해서 말하기 위한 것이다.

---

17. 歷貴地而待時, 遇比肩而爭競. 至若人疲馬劣, 猶託財
　　旺之鄕.

貴地를 지나면 때를 기다리며, 比肩을 만나면 다투어 경쟁한다. 만일 사람이 피로하고 말이 졸렬하면, 오히려 財旺의 鄕에 기탁한다.

　　王廷光曰: 兩貴不足以相爭, 蓋兩貴必有一勝者焉; 兩賤不足以相使, 蓋兩賤必有一下者焉. 公侯將相, 其命已素定矣, 然運氣若有比肩者.

---

133) 其發若機括 其由是非之謂也:『莊子』「齊物論」에 보인다.

왕정광이 말하였다.

둘이 귀하면 서로 다툴 것 없으니, 귀한 둘 중에 반드시 하나
는 더 높기 때문이다. 둘이 천하면 서로 부릴 것 없으니, 천한 둘
중에 반드시 하나는 아래에 있기 때문이다. 公侯와 將相은 그 命
이 이미 본래부터 정해져 있지만, 그러나 운기에는 比肩 같은 것
이 있다.

一般以歷貴强祿馬之地, 雖欲除拜, 姑待其時耳. 蓋二者須
爭競, 較量錙銖優劣而定先後之拜.

일반적으로 貴强한 祿馬地를 지나면, 비록 임금이 바로 관직에
임명하고자 하여도 우선 그 때를 기다릴 뿐이다. 대체로 둘은 반
드시 경쟁하니, 아주 작은 우열이라도 비교하여 임명 시기의 先
後를 정한다.

譬如元命格相同, 而年運皆歷貴强之地, 而同年共取一魁,
須當爭較, 得福最者爲之矣.

예를 들자면 元命의 格은 서로 같으면서 年運 모두 貴强 地를
지나고 같은 해에 함께 일등을 취했으면, 반드시 따져 비교하여
가장 많은 복을 얻은 사람으로 정하는 것이다.

"人疲馬劣"者, 本命支曰人元, 兼驛馬或在五行衰敗無氣之處, 則不達.

"사람이 피로하고 말이 졸렬하다"는 것은, 本命 支를 人元이라 하는데, 驛馬와 함께 혹 五行이 衰敗하고 無氣한 자리에 있으면 펼쳐지지 못하는 것이다.

如甲子干支, 人元立金, 至子已死矣. 子人以寅爲馬, 屬木, 至子而敗. 此所謂 "人疲馬劣"者與.

가령 甲子 干支는 人元으로 金을 세우는데 子에 이르러 이미 死한 것과 같다. 子人은 寅으로 馬를 삼고 木에 속하므로 子에 이르러 敗한 것이다. 이것이 소위 "사람이 피로하고 말이 졸렬하다"는 것이다.

其所以不爲災者, 蓋戊申土剋水爲財, 水土俱旺在子. 故曰 "猶託財旺之鄉."

그것이 재앙이 되지 않는 이유는 대체로 戊申 土가 水를 극하여 財가 되고 水土가 함께 子에서 旺하기 때문이다. 그래서 "오히려 財旺의 鄉에 기탁한다"고 한 것이다.

李仝曰: 若運入貴神之地, 待時數符合, 則有福慶. 若遇災福力齊, 如生育並行之運,134) 必有爭競. 弱者伏强, 此旨幽深, 在吉凶煞神135) 昇降言之. 若祿馬氣衰, 但得祿財命財旺相, 亦可扶持.136)

이동이 말하였다.

만일 運이 貴神 地에 들면, 時數가 符合하기를 기다리면 복과 경사가 있다. 만일 재앙과 복의 힘이 비슷함을 만나면, 生育(比肩)이 병행하는 運과 같아서 반드시 경쟁이 있게 된다. 약자가 강자에게 엎드리는 것은 그 뜻이 그윽하고 깊어, 吉凶 煞神의 昇降으로 말한다. 만약 祿馬의 氣가 衰하면, 단지 祿財와 命財가 旺相해야 역시 도움을 받을 수 있다.

曇瑩曰: 古所謂 "雖有鎡基, 不如待時",137) 蓋歷其貴地, 須待時也. 比肩爭競, 由兩庚奪一丁, 兩丙食一戊, 遇之官印或在吉神. 如此者交相是非, 比肩爭競.

담영은 말한다.

옛날의 이른바 "비록 농기구가 있어도 때를 기다리는 것만 못하다"는 것이니, 대체로 貴地를 지나면 모름지기 때를 기다려야

---

134) 如生育並行之運: 『신조주소낙록자삼명소식부』에는 "如比肩並行之運"이라 하였다.

135) 在吉凶煞神: 『신조주소낙록자삼명소식부』에는 "在其吉凶神殺泰太歲小運"이라 하였다.

136) 財旺相亦可扶持: 『신조주소낙록자삼명소식부』에는 "惟旺相亦可扶持也"라 하였다.

137) 古所謂雖有鎡基 不如待時: 『孟子』「公孫丑」 上篇에 보인다.

한다. 비견이 경쟁하는 까닭은, 두 庚이 한 丁을 서로 뺏으려 하고 두 丙이 한 戊를 서로 먹으려 하기 때문이니, 官印으로 만나거나 길신으로 있게 된다. 이런 자는 서로 시비를 걸고 비견하여 경쟁한다.

　"人疲馬劣"者, 其如戊午火命, 驛馬在申, 申中金旺火衰. 曰 "人疲馬劣, 猶必託財旺之鄉"也.

　"사람이 피로하고 말이 졸렬하다"는 것은 戊午 火命과 같은 것으로, 驛馬가 申에 있고 申 중에는 金이 旺하고 火가 衰하다. 그래서 "사람이 피로하고 말이 졸렬하면, 오히려 반드시 財旺의 鄉에 기탁한다"고 한 것이다.

---

18. 或乃財旺祿衰, 建馬何避. 衝掩歲臨, 尚不爲災, 年登 故宜獲福.[138]

혹 財가 旺하고 祿이 衰하면 建馬가 어찌 피하겠는가? 衝과 掩이 歲運에 임하여도 여전히 재앙이 되지 않고, 풍년이 들면 마땅히 福을 취한다.

---

138) 或乃財旺祿衰, 建馬何避衝掩; 歲臨尚不爲災, 年登故宜獲福:『신조주소낙록자삼명소식부』에는 "或乃財旺祿衰, 建馬何避衝掩衝, 歲臨尚不爲災, 猶是年登故宜獲福."이라 하였다.

王廷光曰: 剋之者爲財, 寓之者爲祿, 乘之者爲馬. 祿財驛馬兼得之, 則富貴兩全者也. 或偏得之則又次焉.

왕정광이 말하였다.

극하는 것은 財가 되고 머무르는 것은 祿이 되며 타는 것은 馬가 된다. 祿과 財와 驛馬를 겸하여 얻으면 富와 貴 두 가지가 모두 온전한 것이다. 혹 치우쳐 얻으면 그다음이다.

或天祿雖衰, 而身財猶旺, 兼遇驛馬來乘, 又何避之有也? 縱使衝掩歲臨, 尚且不爲災變. 況後歲運更, 在五行生旺會合豐登之處, 故宜獲福之多矣.

혹 天祿이 비록 衰하더라도 身과 財가 旺하고 겸하여 驛馬를 만나 그것을 타게 되면, 또 무슨 피함이 있겠는가? 설사 衝과 掩이 歲運에 臨하여도 여전히 재앙으로 변하지 않는다. 하물며 뒤의 세운이 다시 五行이 生旺하고 會合하여 풍년이 드는 곳에 있게 되면, 마땅히 福을 많이 얻게 되는 것이다.

猶之癸亥生得乙巳歲, 遇祿水雖絶在巳, 而以水人剋火爲財, 火旺在巳, 兼巳上乘馬, 雖巳亥之衝, 臨於返吟之上, 而以身財之旺, 故不以爲災變矣. 或歲運不相衝臨, 而在三合五行生旺之地. 又逢財遇馬, 可謂年歲豐登, 故宜獲福者哉!

예컨대 癸亥 生이 세운에서 乙巳를 얻으면 祿인 水가 비록 絶하여 巳에 있음을 만나지만, 水人이 극하는 火는 財가 되며, 火는 巳에서 旺하고 겸하여 巳는 위(亥水)에서 馬를 타므로, 비록 巳와 亥가 충하여 返吟 위에 臨하더라도 身과 財가 旺하기 때문에 재앙으로 변하지 않는 것이다. 혹 세운이 서로 衝臨하지 않고 三合되는 五行 生旺 地에 있으면서, 또 財를 만나고 馬를 만나면 살아온 햇수만큼 풍년이 드니, 복을 얻음이 마땅하다.

李仝曰: 若財旺祿衰, 戰馬之鄕,[139] 又何疑避? 雖太歲加臨或衝破本命, 在鬼旺身絶之位, 得財馬相扶, 合災不災. 若太歲逢喜合祿命有氣之處, 是 "年登故宜獲福" 矣.

이동이 말하였다.

만약 財가 旺하고 祿이 衰하면 戰馬의 鄕에서 어찌 피할 것을 의심하겠는가? 비록 태세가 加臨하여 혹 本命을 衝破하고 鬼가 旺하여 身이 絶하는 곳에 있더라도, 財와 馬가 서로 도와줌을 얻으니 재앙도 재앙이 아니게 된다. 만약에 태세가 祿命이 기쁘게 합한 有氣한 곳을 만나면, 이것이 "풍년이 들면 마땅히 福을 취하게" 되는 것이다

曇瑩曰: "財旺祿衰"者, 其如甲戌火命, 月建壬申, 甲祿旣

---

139) 戰馬之鄕: 『신조주소낙록자삼명소식부』에는 "建馬之鄕"이라 하였다.

絶, 馬立財鄉. 故云 "財旺祿衰. 建馬何避."

담영은 말한다.

"財가 旺하고 祿이 衰하다"는 것은 甲戌 火命과 같은 것으로, 月建이 壬申이므로 甲의 祿은 이미 絶하였고 馬는 財鄉에 서 있다. 그래서 "財가 旺하고 祿이 衰하면 建馬가 어찌 피하겠는가?"라고 한 것이다.

大抵馬是扶身之寶, 祿爲養命之源, 祿乘貴而遷官, 馬運財而獲富.

대체로 馬는 身을 돕는 보물이고 祿은 命을 키우는 원천이니, 祿은 귀함을 타서 벼슬이 높아지고 馬는 재물을 운반해서 富를 손에 넣게 된다.

掩者, 伏吟也; 衝者, 反吟也. 然衝與掩, 唯善與惡致其不寧也. 居安慮危, 君子之道也. 相生則吉, 相剋則凶, 由是 "年登故宜獲福."

掩이란 伏吟이고 衝이란 反吟이다. 하지만 衝과 掩은 오직 선과 악이 그 편하지 않음을 이루는 것이다. 편안한 곳에 거하며 위험을 염려하는 것이 君子의 道이다. 상생하면 吉하고 상극하면 凶하니, 그래서 "풍년이 들면 마땅히 福을 취하는" 것이다.

19. 大吉生逢小吉, 反壽長年; 天罡運至天魁, 寄生續壽.

大吉 生이 小吉을 만나면 도리어 수명이 길어지고, 天罡運이 天魁에 이르면 生에 기탁하여 수명을 이어 간다.

王廷光曰: 顏子雖賢而有不幸之短命, 盜跖雖兇而得人間之上壽. 是則修短之數, 豈不有命耶? 蓋命之所遇者有時, 時之所繫者吉凶異耳.

왕정광이 말하였다.

顏子는 비록 현명하였으나 불행히도 짧은 命을 가졌고, 도척은 비록 흉악하였으나 인간으로서 긴 수명을 얻었다. 이것은 길고 짧음의 數이니 어찌 命이 있는 것이 아니겠는가? 대체로 命이 만나는 것은 때가 있고, 때가 매어 있는 것은 吉凶이 다를 뿐이다.

舊說以乙丑六月生, 遁見癸未, 納音金剋木爲身才, 所以反壽則長年矣. 其意以謂剋我之謂天, 我剋之謂壽. 然則言乙丑納音, 而不論其餘, 或遇辛未癸巳丑之類, 又何以取其剋也?

舊說에 乙丑 6월생은 五子元遁法으로 癸未이니, 納音身 金(乙丑)이 生月 木(癸未)을 극하여 身의 才가 되므로 도리어 수명이 길어지는 것이라고 하였다. 그 의미는 나를 극하면 요절한다고 하고 내가 극하면 장수한다고 하는 것이다. 그러면 乙丑은 納音으로 말하였으나 그 외의 것은 論하지 않았는데, 혹 辛未 癸巳·丑 등을 만나면 또 어떻게 그 극을 취하겠는가?

　此蓋非謂納音取剋, 正言丑人得未耳. 丑未乃返吟, 而何以謂之 "反壽長年"也?

이는 대체로 納音이 극을 취한다는 말이 아니고, 바로 丑人이 未를 얻을 때를 말한 것일 뿐이다. 丑·未는 返吟이 되는데 어찌 "도리어 수명이 길어진다"고 말할 수 있는가?

　蓋丑爲大吉, 乃金之墓; 未爲小吉, 乃木之庫. 以丑中之金氣, 來剋未中之木氣, 五行上剋下曰 治. 金木變化, 仁義相濟, 魂魄相應, 夫婦相儀, 損乃益也. 如此則 "反壽以長年"者歟.

대개 丑은 大吉이며 金의 墓이고, 未는 小吉이며 木의 庫이다. 丑中의 金氣가 未中의 木氣를 와서 극하는데, 五行에서 上剋下를 '治'라 한다. 金과 木이 변화하고 仁과 義가 서로 도우며, 魂과 魄이 서로 응하고 夫婦가 서로 예의를 갖추니, 잃는 것이 얻는 것이다. 이와 같으니 "도리어 수명이 길어지는" 것이다.

　或未人得丑, 則尊辱卑榮, 妻居夫位, 陰陽不正, 則爲不壽而爲天矣.

혹 未人이 丑을 얻으면, 尊이 욕되고 卑는 영화로우며 妻가 夫
의 자리에 있어 陰陽이 반듯하지 않으니, 오래 살지 못하고 요절
하게 된다.

"天罡運至天魁"者, 是亦論返吟中辰生人得戌者也. 天罡是
辰, 辰中有水氣之所鍾也; 天魁是戌, 戌中有火氣之所鍾也. 辰
中之水剋戌中之火, 爲精爲神, 爲夫爲婦, 尊卑定位, 水火旣
濟, 五行氣和. 如此則可謂 "寄生續壽"者矣.

"天罡運이 天魁에 이른다"는 것은 이 또한 返吟 中에 辰生 人이
戌을 얻음을 論한 것이다. 天罡은 辰으로서 辰 가운데 水氣가 모
이는 곳이고, 天魁는 戌로서 戌 가운데 火氣가 모이는 곳이다. 辰
中의 水가 戌中의 火를 극하면 精·神이 되고 夫·婦가 되어 尊卑
가 제자리를 찾고 水火가 이미 안정되며 五行의 氣가 조화를 이룬
다. 이와 같으니 "生에 기탁하여 수명을 이어 간다"고 말할 수 있다.

或戌人得辰運, 夫處妻位, 陰陽不正, 則爲返吟之破命者歟.

혹 戌人이 辰運을 얻으면 지아비가 부인의 자리에 있어 陰陽이
반듯하지 않으니, 返吟의 破命이 되는 것이다.

二說蓋四季中有五行之墓, 而有夫婦尊卑之定位在焉.

두 가지 說 모두 四季 中에 五行의 墓가 있으며, 夫婦와 尊卑의 정해진 자리와 관련이 있다는 것이다.

李仝曰: 大吉者, 丑位也; 小吉者, 未位也. 此後八句再明 反吟·伏吟吉凶無固必之義. 假令乙丑陰命男, 在六月生, 遁 見癸未木, 雖本命生月相剋,[140] 合主天傷, 却爲乙丑納音金 剋癸未納音木, 是 "反壽長年".

이동이 말하였다.

大吉한 것은 丑의 자리고, 小吉한 것은 未의 자리이다. 이후 여 덟 구절은 反吟과 伏吟의 吉凶에 반드시 그렇게 되는 이치는 없음 을 다시 밝혔다. 가령 乙丑 陰命 男으로 六月生은 숨겨서 癸未木을 만나니, 비록 本命과 生月이 서로 극하여 함께 天傷을 주관하나 도리어 乙丑 納音 金이 癸未 納音 木을 극하므로, "도리어 수명이 길어진다"는 것이다.

舊歌云: "便將生月用爲身, 却以納音廻作命. 身來剋命短 天年, 命往剋身長壽命."

옛 노래에 이르길, "바로 生月을 써서 身을 삼고, 도리어 納音으

---

140) 雖本命生月相剋: 『新雕注疏珞珠子三命消息賦』에는 "雖本命生月相衝"이라 하였다.

로 돌려 命을 만든다. 身이 와서 命을 극하면 요절하고, 命이 가서
身을 극하면 장수한다"고 하였다.

天罡者, 辰位也; 天魁者, 戌位也. 假令戊辰陽命男, 在三
月生, 計五歲起運, 順行五十六運, 在壬戌運下. 納音是水來
生戊辰木, 又且生於三月, 天德月德俱在壬, 寄在戌上又生木.
故云 "寄生續壽."

天罡은 辰의 자리이고, 天魁는 戌의 자리이다. 가령 戊辰 陽命 男
三月生은 5세부터 運이 일어나는 것으로 계산하여 56세 運을 순
행하면 壬戌 運 아래에 있게 된다. 納音으로 水가 와서 戊辰 木을
生하고 게다가 3월에 태어나 天德과 月德이 함께 壬에 있으며, 戌
위에 기탁하여 또 木을 生한다. 그래서 "生에 기탁하여 수명을 이
어 간다"고 한다.

曇瑩曰 以下四節並用眞印, 始得其詳. 嘗試言之, 乙丑金
印, 癸未木印, 壬辰水印, 甲戌火印, 丙辰土印. 長年續壽, 惟
寄與反, 除此五干, 未有知其然也.

담영은 말한다.
아래 네 節은 眞印을 아울러 써야 비로소 상세함을 얻을 수 있
다. 일찍이 試論해 보았는데, 乙丑金印, 癸未木印, 壬辰水印, 甲戌火

印, 丙辰土印이다. 오래 살고 수명을 이어 감은 오직 기탁하느냐 못하느냐에 달려 있으며, 이 五干을 제외하고는 그렇게 됨을 알 수 있는 것이 없다.

緣丑爲大吉, 中有乙木存焉; 未爲小吉, 上有癸水在焉. 癸水生其乙木, 增益祿元, 反壽長年, 莫非是也.

丑이 大吉이면 그 가운데 乙木이 있고, 未가 小吉이면 그 위에 癸水가 있기 때문이다. 癸水가 그 乙木을 生하고 祿元을 더해 주어 오히려 수명을 연장해 주니, 이렇지 않은 것이 없다.

天罡, 辰也; 天魁, 戌也. 戌中有甲, 辰中有壬, 壬水生其甲木, 甲木續其丙火. 故曰 "天罡運至天魁, 寄生續壽." 大要十干爲祿, 定人修短故也.

天罡은 辰이고 天魁는 戌이다. 戌 중에 甲이 있고 辰 중에 壬이 있어, 壬水는 그 甲木을 生하고 甲木은 그 丙火를 이어 준다. 그러므로 "天罡運이 天魁에 이르면 生에 기탁하여 수명을 이어 간다"고 한 것이다. 대체로 十干이 祿이 되어서 사람의 수명의 길고 짧음을 정하기 때문이다.

```
┌─────────────────────────────────────────────────┐
│ 20. 從魁抵蒼龍之宿, 財自天來.                      │
│                                                 │
│ 從魁가 蒼龍의 별자리에 드리우면 財가 하늘로부터 온다.  │
└─────────────────────────────────────────────────┘
```

曇瑩曰: 酉爲昴胃之鄕, 從魁是也. 卯曰蒼龍之宿, 太衝是也. 嘗試論之, 以支元取財, 今言天來者何也? 緣酉上有辛, 卯中有乙, 辛金制其乙木. 故云 "財自天來."

담영은 말한다.

酉는 昴・胃의 鄕이 되니, 從魁가 이것이다. 卯는 창룡의 별자리이니, 太衝이 이것이다. 일찍이 試論해 보니 支元으로 財를 취했는데, 지금 하늘에서 온다고 말하는 것은 왜인가? 酉 위에 辛이 있고 卯 중에 乙이 있어 辛金이 그 乙木을 제어하기 때문이다. 그래서 "財가 하늘로부터 온다"고 한 것이다.

```
┌─────────────────────────────────────────────────┐
│ 21. 太衝臨昴胃之鄕, 人元有害.                      │
│                                                 │
│ 太衝이 昴와 胃의 鄕에 임하면 人元에게는 害가 있다.     │
└─────────────────────────────────────────────────┘
```

曇瑩曰: 以其酉金剋其卯木, 乙木畏於辛金, 祿旣被傷, 人元受剋. 若然者, 酉人遇卯爲吉, 卯人逢酉爲凶. 位列尊卑, 剛柔斷矣.

담영은 말한다.

그 酉金이 그 卯木을 극하여 乙木이 辛金을 두려워하므로, 祿은 이미 상처를 입고 人元이 극을 받는다. 이렇게 되면 酉人은 卯를 만나 吉하고, 卯人은 酉를 만나 凶하다. 자리에 尊卑가 배열되면 剛柔가 결정된다.

---

22. 金祿窮於正首, 庚重辛輕; 木人困於金鄕, 寅深卯淺.

金祿은 正首에서 窮하니 庚은 무겁고 辛은 가볍고, 木人은 金鄕에서 困하니 寅은 깊고 卯는 얕다.

李仝曰: "金祿"者, 且擧庚·辛二祿, 餘門同也. "庚重辛輕"者, 庚·辛至寅位爲絶, 庚重者多爲破祿, 故云重也; 辛輕者, 辛到寅, 上有天乙貴人, 故爲輕也. "木人" 謂寅·卯二命, "金鄕" 指辛酉, 爲鬼方. 大抵陰遇陽則和, 陽見陽則多競也.

이동이 말하였다.

"金祿"은 우선 庚과 辛 두 가지 祿을 든 것으로, 나머지 門은 동일하다. "庚은 무겁고 辛은 가볍다"는 말을 보자면, 庚·辛이 寅에 이르면 絶이 되는데, 庚이 무겁다는 것은 많이 破祿이 되므로 무겁다고 하고, 辛이 가볍다는 것은, 辛이 寅에 도착하면 위에 天乙貴人이 있으므로 가볍다고 한다. "木人"은 寅과 卯 두 가지 命을 말

하고, "金鄕"은 申과 酉를 가리키는데 (木人에게)鬼方이 된다. 대
저 陰이 陽을 만나면 조화롭고, 陽이 陽을 만나면 경쟁이 많다.

曇瑩曰: 陰極生陽, 陽極生陰, 陰陽自然之理也. 陽金生於
巳, 而死於子, 絶於寅; 陰金生於子, 而死於巳, 絶於卯. 正死
正生之謂重, 偏生偏死之謂輕.

담영은 말한다.

陰이 極하면 陽이 生기고 陽이 極하면 陰이 生기니, 이는 陰陽
自然의 이치이다. 陽金은 巳에서 生하여 子에서 死하고 寅에서 絶
하며, 陰金은 子에서 生하여 巳에서 死하고 卯에서 絶한다. 正死와
正生을 '重'이라 하고, 偏生과 偏死를 '輕'이라 한다.

次以陽木生於亥, 而絶於申; 陰木生於午, 而絶於酉, 陽木
申深而酉淺, 陰木申淺而酉深.

다음으로 陽木은 亥에서 生하고 申에서 絶하며, 陰木은 午에서
生하고 酉에서 絶하니, 陽木은 申이 깊고 酉가 얕으며, 陰木은 申이
얕고 酉가 깊다.

蓋寅卯指群木之情, 庚辛擧衆金之類. 申是水生之地, 木曰 "困";
寅乃生火之宮, 金云 "窮"也.

대체로 寅과 卯는 여러 木의 情을 가리킨 것이고, 庚과 辛은 여러 金의 종류를 든 것이다. 申은 水의 生地이므로 木에 대해 "困"이라 하였고, 寅은 火의 生宮이므로 金에 대해 "窮"이라 하였다.

---

23. 妙在識其通變, 拙說猶神; 巫瞽昧於調絃, 難希律呂.

妙함은 그 通變을 깨닫는 데 있으니 나의 졸렬한 說도 신통할 수 있으나, 巫瞽가 조율에 어두우면 가락이 맞기를 바라기 어렵다.

王廷光曰:『易』曰: "一闔一闢之謂變, 往來不窮之謂通."141) 孔子作『易』, 至「説卦」, 然後言妙; 妙萬物,142) 然後識通變.

왕정광이 말하였다.

『易』에 이르길, "한 번 닫고 한 번 여는 것은 變이라 하고, 가고 오는 것에 窮함이 없는 것을 通이라 한다" 하였다. 공자는 『易』을 지을 때, 「説卦傳」에 이른 뒤에야 妙를 말하였고, 萬物에 妙한 뒤에야 通變을 명확히 하였다.

盈虛之數, 陰陽之理, 至妙藏焉; 賢者得之, 妙達緯象, 通

---

141) 一闔一闢之謂變 往來不窮之謂通:『周易』「繫辭上傳」十一章에 보인다.
142) 妙萬物:『周易』「説卦傳」六章에 보인다.

知陰陽. 至於談命, 其說雖拙, 其應若神. 愚者失之, 常爲物疑, 安能通其性命之妙? 如巫瞽之眛於調絃, 而希律呂之合也.

盈虛의 數와 陰陽의 이치는 지극한 妙가 감추어져 있는데, 賢者는 그것을 얻어 묘하게 緯象에 통달하고 陰陽을 두루 안다. 命을 말하는 데 이르면 그 說이 비록 졸렬해도 그 응답은 神과 같은데, 愚者는 그것을 잃고 항상 사물 때문에 의아해하니 어찌 그 性命의 묘함을 통달할 수 있겠는가? 마치 巫瞽가 조율하는 데 어두우면서도 가락이 맞기를 바라는 것과 같다.

李仝曰: 『易』「繫辭」云: "通變之謂事."143) 又云: "易, 窮則變, 變則通, 通則久."144) 又云: "變通配四時."145) 又云: "一闔一闢謂之變, 往來不窮謂之通." 又云: "化而裁之謂之變, 推而行之謂之通."

이동이 말하였다.

『易』의 「繫辭」에 이르길, "變하여 通하게 되는 것을 事라 한다" 하였다. 또 이르길, "易은 窮한즉 變하고 변한즉 通하고 통한즉 오래간다"고 하였고, 또 이르길, "變하고 通하는 것은 四時와 짝하는 것이다"고 하였다. 또 이르길, "한 번 닫고 한 번 여는 것은

---

143) 通變之謂事: 『周易』「繫辭上傳」 五章에 보인다.

144) 易窮則變 變則通 通則久: 『周易』「繫辭下傳」 二章에 보인다.

145) 變通配四時: 『周易』「繫辭上傳」 六章에 보인다.

變이라 하고, 가고 오는 것에 窮함이 없는 것을 通이라 한다" 하였으며, 또 이르길, "化하여 만드는 것을 變이라고 하고, 추측하여 行하게 하는 것을 通이라 한다" 하였다.

此賦言消息之功, 其得失在識通變無窮之理, 則雖拙說亦如神也. 若不識通變之妙, 則如巫瞽不曉其調絃者, 則難求合於律呂也.

이 賦는 消息의 功을 말하고 있는데, 그 得失은 通變의 無窮한 이치를 깨우치는 데 달려 있으므로, 비록 졸렬한 說이라도 역시 神과 같은 것이다. 만일 通變의 妙를 깨우치지 못하면, 巫瞽가 조율할 줄 모르는 것과 같으니 가락이 어우러지기를 바라기는 어렵다.

雲瑩曰: "易, 窮則變, 變則通", "通變之謂事"也.[146] 要言以會道合理而忘言, 蓋理由言彰, 言不越理. 識其通變, 拙說猶神. 然瞽者無以與乎文章之觀, 聾者無以與乎鐘鼓之聲, 況語希夷妙道哉? 故以 "昧於調絃, 難希律呂"喩之耳.

담영은 말한다.

"易은 窮한즉 變하고 변한즉 通한다" 하였고, "變하여 通하게

---

146) 易窮則變 變則通 通變之謂事也: 『周易』 「繫辭下傳」 二章과 「繫辭上傳」 五章에 보인다.

되는 것을 事라 한다" 하였다. 요컨대 말은 그것으로 道를 알고 이치를 맞추면 잊어버려야 하니, 이치는 말을 통해 드러나지만 말은 이치를 넘어서지 못하기 때문이다. 그 通變을 깨달으면 졸렬한 說도 神과 같다. 그러나 소경은 文章을 보는 데 낄 수 없고 귀머거리는 음악 소리를 듣는 데 낄 수 없는데, 하물며 보이지도 않고 들리지도 않는 오묘한 道를 말하는 데 있어서이겠는가? 따라서 "조율에 어두우면 가락이 맞기를 바라기 어렵다"는 것으로 비유한 것이다.

---

24. 庚辛臨於甲乙, 君子可以求官; 北人運在南方, 貿易獲其厚利.

庚과 辛이 甲과 乙에 臨하면 군자가 관직을 구할 수 있고, 北人의 運이 南方에 있으면 무역으로 많은 이익을 얻는다.

王廷光曰: 論金木之刑, 則制以致用; 論金木之理, 則相繼以終始. 故金木子也. 木金父也. 金父用子, 則金木相得.

왕정광이 말하였다.

金木의 刑으로 논하면 제어하여 쓰임을 이루고, 金木의 理로 논하면 서로 계승하여 시작하고 끝난다. 그러므로 金은 木의 子이고 木은 金의 父이니, 金이 父로 子를 쓰면 金과 木은 서로 얻는다.

甲以辛爲官, 乙以庚爲官, 如庚辛之運歲, 來臨甲乙之人. 故曰 "君子可以求官"者. 小人反以爲鬼也.

甲은 辛으로 官을 삼고 乙은 庚으로 官을 삼으니, 마치 庚辛의 운세가 甲乙 人에게 臨하는 것과 같다. 그래서 "군자가 관직을 구할 수 있다"고 하였다. 소인에게는 도리어 鬼가 된다.

"北人運在南方"者, 亥子皆北方之水也, 巳午皆南方之火也. 以水人行運至火鄕, 我剋之謂財, 所以 "貿易獲其厚利"也.

"北人의 運이 南方에 있다"는 것을 보자면, 亥·子는 모두 北方 水이고 巳·午는 모두 南方 火이다. 水人으로 行運이 火鄕에 이르면, 내가 극하는 것을 財라 하기 때문에 "무역으로 큰 이득을 얻게 되는" 것이다.

或謂癸壬之至午亦是者, 非也. 壬癸是祿, 巳午是命, 干支不相入. 如壬癸人謂丙·丁, 則可以謂之祿財而已.

혹 癸와 壬이 午에 이른 것도 이것이라고 말하는데, 잘못이다. 壬과 癸는 祿이고 巳와 午는 命이니 干支는 서로 들어가지 않는다. 가령 壬癸 人이 丙丁을 얻었을 때는, 祿財라고 할 수 있을 뿐이다.

談命者, 必當分祿·命·身爲之命也. 以干配祿, 以支合命,以納音論身之爲三命.

命을 말하는 사람은 반드시 祿과 命과 身을 구분하여 命을 삼아
야 한다. 干은 祿에 짝하고 支는 命에 맞추고 納音으로 身을 論하
는 것이 三命이다.

李仝曰: 甲以辛爲祿官, 乙以庚爲祿官. 太歲大小年相符,
求官必遂. 餘十干准此. 言君子則求官, 小人逢之, 則有官災.

이동이 말하였다.

甲은 辛으로 祿官을 삼고 乙은 庚으로 祿官을 삼으니, 태세 大·
小年이 서로 부합하면 관직을 구하면 반드시 이루어진다. 남은
十干도 이에 준한다. 군자이면 관직을 구하지만, 小人이 만나면
官災가 있음을 말한다.

前言十干剋我者, 納音相配與天官;[147] 此則言干支若是壬癸·
亥子, 至巳午之位. 我剋者爲財, 故獲厚利是也.

앞에서는 十干에 나를 剋한 것이 納音과 서로 짝지어 天官에 참
여함을 말했고, 여기서는 干支가 가령 壬癸, 亥子일 때 巳午의 자
리에 이르면 내가 극한 것이 財이므로, 따라서 큰 이득을 얻음을
말했다는 것이 이것이다.

---

147) 納音相配與天官:『신조주소낙록자삼명소식부』에는 "陰陽相配爲天官"이라 하였다.

曇瑩曰: 甲乙以庚辛爲官印, 其用有是與非. 但君子得以爲官, 小人遇之爲鬼. 何以知其然也? 蓋獨稱君子求官, 而不言小人爲福耳.

담영은 말한다.

甲乙은 庚辛으로 官印을 삼으며 그 쓰임에 是非가 있다. 다만 君子가 얻으면 官이 되고 小人이 만나면 鬼가 된다. 무엇으로 그렇게 되는지 아는가? 대개 군자가 관직을 구한다고만 말하고 소인에게 福이 됨은 말하지 않았기 때문이다.

正北, 壬癸之位, 其卦屬坎; 正南, 丙丁之位, 其卦爲離. 坎屬水曰潤下, 離屬火曰炎上. 兩者交通, 合成旣濟, 加之水歸火地, 運至財鄕. 故云 "北人運至南方, 貿易獲其厚利"也.

正北은 壬癸의 자리로 坎卦에 속하고 正南은 丙丁의 자리로 離卦에 속한다. 坎은 水에 속하니 만물을 적시며 내려간다[潤下]고 하고, 離는 火에 속하니 뜨겁게 위로 올라간다[炎上]고 한다. 兩者가 서로 통하면 합하여 旣濟卦를 이루고, 더하여 水가 火地로 돌아와서 운이 財鄕에 이른다. 그래서 "北人의 運이 南方에 있으면 무역으로 많은 이익을 얻는다"고 한 것이다.

> 25. 聞朝歡而旋泣, 爲盛火之炎陽; 尅禍福之賒遙, 則多因
>   於水土.
>
> 아침에 기쁜 소식을 듣고서 곧바로 우니 왕성한 火의 뜨거움
> 때문이고, 禍福을 尅함이 느긋하니 대체로 水와 土 때문이다.

王廷光曰: 火主禮, 禮中則止, 不可太過, 禮煩則亂. 火之氣炎, 木之氣溫, 炎與溫未嘗相雜, 云火木之生, 則輕淸可見矣. 土之形厚而豐, 水之形圓而下, 言水土之同源, 則重濁亦可知矣.

왕정광이 말하였다.

火는 禮를 주관하는데, 禮는 맞으면 멈추어야 하고 지나치면 안 되니 禮가 번잡해지면 어지럽게 된다. 火의 기운은 뜨겁고 木의 기운은 따뜻하여, 뜨거움과 따뜻함은 일찍이 서로 섞인 적이 없는데, 火·木의 生을 말하였으니 가볍고 맑음을 볼 수 있다. 土形은 두텁고 풍성하며 水形은 둥글고 아래에 있는데, 水·土가 근원이 동일함을 말하였으니 무겁고 탁함을 알 수 있다.

格局歲運得五行火木之炎陽, 其爲謀用行藏, 則易於發. 故曰 "聞朝歡而旋泣"者也.

격국이 세운에 五行 중 火木의 炎陽함을 얻으면, 그 행동을 도모함에 있어 發하는 곳에서 바뀌게 된다. 그래서 "아침에 기쁜 소식을 듣고서 곧바로 운다"고 한 것이다.

或犯水土之多, 必傷於重濁, 更不逢生氣, 則動作云爲, 多遲滯也.

혹 水·土가 많은 곳을 범하면 반드시 무겁고 탁한 것에 傷하여 다시 生氣를 만나지 못하니, 행동과 언어에 遲滯됨이 많다.

火水之命, 五行則剋彼爲財, 彼剋爲鬼, 禍福之來, 皆云不快. 故云 "剋禍福之賒遙, 多因於水土"也.

火·水 命일 때, 오행은 남을 극하면 財가 되고 남이 나를 극하면 鬼가 되는데, 禍福이 오는 것이 모두 빠르지 않다. 그래서 "禍福을 剋함이 느긋하니 대체로 水·土 때문이다"고 한 것이다.

此蓋論火木性快, 易發易休; 水土性遲, 難成難敗.

여기서는 대체로 火·木은 성질이 급해서 쉽게 발하고 쉽게 쉬며, 水·土는 성질이 느려서 이루기도 어렵고 실패하기도 어려움을 논하였다.

李仝曰: 火性炎上. 若火人遇火, "朝歡旋泣", 言速也.

이동이 말하였다.

火의 성질은 뜨겁고 위로 올라간다. 만약 火人이 火를 만나면 "아침에 기뻐하다가 곧바로 울게" 되니, 빠름을 말함이다.

土重濁不動, 水潤下盈科乃進. 凡生剋禍福皆遲,[148] 故云 "賒遙"也.

土는 무겁고 탁하며 움직이지 않고, 水는 적시며 아래로 흐르고 구덩이를 채워야 앞으로 나간다. 무릇 (水와 土는) 禍福을 生하고 剋함이 더디니, 그래서 "賒遙"라고 한 것이다.

曇瑩曰: 火之爲性暴而多傷, 故鑽木而烟飛, 擊石而光發. 朝歡旋泣, 今是昨非, 由火傳薪, 莫知其極也.

담영은 말한다.

火의 성질은 사나우면서 傷이 많으므로, 나무에 구멍을 뚫어서 연기를 내고 돌을 부딪쳐서 빛을 낸다. 아침에 기뻐하다가 곧바로 울고, 오늘은 옳다 하고 어제는 틀렸다 하며, 작은 불에서 비롯하여 섶으로 옮아가니 그 끝을 알 수 없다.

---

148) 凡生剋禍福皆遲: 『新雕注疏珞琭子三命消息賦』에는 "凡克禍福皆進"이라 하였다.

水土爲物, 其性柔和, 致於禍福之端, 得其遲緩之意, 蓋智
與信也.

水와 土는 그 성질이 부드럽고 조화로우며, 禍福의 발단에 이르
러서는 그 느긋한 뜻을 얻으니, 대체로 (五德 중) 智와 信이다.

---

26. 金木未能成器, 聽哀樂以難名. 似木盛而花繁, 狀密雲
而不雨.149)

金과 木은 그릇을 이루지 못하니, 슬픔과 기쁨을 들어도 이름
붙이기 어렵다. 나무가 무성하나 꽃만 많음과 유사하고, 구름
이 빽빽하지만 비는 내리지 않음과 비슷하다.

王廷光曰: 五行之中, 唯金木性不自專, 須在假物而後成器也.

왕정광이 말하였다.

五行 가운데 오직 金과 木은 성질이 스스로 오롯하지 못해서,
반드시 다른 사물을 빌린 뒤에야 그릇으로 만들어진다.

木, 陽神也, 能自變其形曲直, 故或喬而直, 或撓以曲也.
金, 陰精也, 不能自化之, 而從火革, 故能制刻以成器也.

---

149) 密雲不雨: 『周易』 雷山 小過卦에 보인다.

木은 陽의 神으로 그 형태의 曲直을 자유롭게 바꿀 수 있으므로, 혹 喬木처럼 곧게 위로 자라거나, 혹 樛木처럼 옆으로 굽어진다. 金은 陰의 精으로 스스로 모양을 바꿀 수는 없으나 火를 따라 변화하므로 가다듬고 깎아서 그릇을 만들 수 있다.

木得金之制而成才, 金木之制, 謂哀樂者同. 蓋木主春, 其性仁, 春則敷榮, 萬物發生, 可以爲樂也. 金主秋, 其性義, 秋則摯歛, 萬物散殺, 可以爲哀也. 木無金而不器, 金無火而不成, 爲哀爲樂, 難以名狀. "似木盛花繁, 密雲不雨", 是謂爲虛聲無實跡者焉.

木은 金의 제어를 받아 재능을 이루니, 金과 木의 제어는 哀樂과 한 가지라고 하겠다. 대개 木은 봄을 주장하고 그 성질이 인자하여, 봄에는 기운이 펼쳐져 만물이 발생하니, 즐거움[樂]이 될 수 있다. 金은 가을을 주장하고 그 성질이 의로워서, 가을에는 기운이 수렴되어 만물이 흩어지고 죽으니, 슬픔[哀]이 될 수 있다. 木은 金이 없이는 그릇이 되지 않고 金은 火 없이는 이루지 못하니, 슬픔이 되고 기쁨이 되기에 이름 붙이기 어렵다. "나무가 무성하나 꽃만 많고, 구름이 빽빽하지만 비는 내리지 않음과 비슷하다"는 것은 헛된 명성은 있으나 실제는 없는 것을 말한다.

李仝曰: 此言金木未成器之處, 或相制剋, 則難聽或哀或樂之名. 此珞琭子之深旨, 本命支干納音, 并生月上詳之.

이동이 말하였다.

여기서는 金과 木이 아직 그릇을 이루지 못한 곳에서 혹 서로 제어하고 尅하면 哀나 樂이라는 이름을 듣기 어려움을 말하였다. 이것은 낙록자의 깊은 뜻이니, 本命과 支干과 納音 및 生月 위에서 상세히 말하였다.

若木人當生見金, 行運亦逢金, 定其比和也.

만약 木人이 當生에서 金을 보고 行運에서도 역시 金을 만나면, '比和'는 정해진 것이다.

曇瑩曰: 且金不能成器, 惟火以陶鎔; 木未能成功, 假金以彫刻. 故樂必以哀爲主, 益必以損爲先.

담영은 말한다.

또 金은 그릇을 이루지 못하지만 오직 火가 있어 모양이 빚어지고, 木은 功을 이룰 수 없지만 金을 빌려서 조각된다. 그러므로 즐거움은 반드시 슬픔을 주로 삼고, 더함은 반드시 덜어 냄을 우선하는 것이다.

"木盛花繁", 秀而不實; "密雲不雨", 晦而難明. 兩在不測之間, 擬議生矣.

"나무가 무성하나 꽃만 많은" 것은 이삭은 팼지만 열매는 맺지 않음이고, "구름이 빽빽하지만 비는 내리지 않는" 것은 어두워서 알기 어려운 것이다. 둘 다 예측할 수 없는 사이에 있으니 의심하는 말이 생긴다.

大都旺而不可無制, 衰而不可無生. 得處比和, 復歸純粹.

대개 旺地라도 제어가 없을 수 없고 衰地라도 태어남이 없을 수 없다. 比和할 곳을 얻으면 다시 純粹로 돌아간다.

---

27. 乘軒衣冕, 金火何多? 位劣班卑, 陰陽不定.

수레에 올라타고 면류관을 썼으니 金과 火가 얼마나 많은가? 지위가 낮고 班列이 천하니 陰陽이 일정하지 않은 때문이다.

王廷光曰: 五行木爲文而火爲武, 水爲而土爲主, 金得火備而爲上貴, 斯乃體物知用之人. 軒, 車羽蓋, 天富十會, 則身歷貴地, "乘軒衣冕"者, 乃四柱遇官鬼生旺之鄕者是也. 如庚人得戊午, 辛人得丙寅之類. 金没火革, 而有造化之妙, 貴格之中, 須欲得金火之相配. 然亦欲合於陰陽之耦也.

왕정광이 말하였다.

五行에서 木은 文이 되고 火는 武가 되며, 水는 손님이 되고 土
는 주인이 되며, 金은 火를 갖추어야 上貴가 되니, 이것이 바로 만
물을 구현하여 용도를 아는 사람이다. 軒은 수레의 깃털로 장식
한 덮개이다. 天富가 열 번 모이면 몸이 貴地를 지나니, "수레에
올라타고 면류관을 쓰는" 것은 바로 四柱가 官鬼가 生旺하는 鄕을
만났다는 것이 이것이다. 이를테면 庚人이 戊午를 얻고 辛人이 丙
寅을 얻는 부류이다. 金의 형태가 없어지고 火에 의해 바뀌어야
조화의 妙가 있으니, 貴格 中에는 모름지기 金과 火가 서로 짝하는
것을 얻고 싶어 한다. 그리고 또한 陰陽의 짝에도 합하고자 한다.

或庚人得丁・辛人得丙之謂天官帶德. 陰陽相配, 五行氣
順, 加以祿馬相乘者, 則 "乘軒衣冕"之望也.

혹은 庚人이 丁을 얻고 辛人이 丙을 얻음을 天官・帶德이라 말
한다. 陰陽이 서로 짝을 이루고 五行의 氣가 순행하며 그 위에 祿
馬를 탔다면, "수레에 올라타고 면류관을 쓴" 모습이다.

或庚人得丙, 辛人得丁, 純陰純陽, 爲剋爲鬼, 是謂 "陰陽不
定"者也. 如此者, 雖有小官, 亦致位劣班卑, 安能顯達者歟?

혹 庚人이 丙을 얻고 辛人이 丁을 얻었다면, 純陰이고 純陽이라
극하고 鬼가 되니, 이것이 "陰陽이 일정하지 않은" 것이다. 이런

사람은 비록 작은 관직이 있더라도 역시 보잘것없는 자리와 낮은 반열에 이르니, 어찌 현달할 수 있는 사람이겠는가?

李仝曰: 此言四柱十干之中金火多者. 如六辛人遇丙爲官, 又不可多, 得其中者, 則有官崇, 乘軒衣冕也.

이동이 말하였다.

여기서는 四柱 十干 가운데 金과 火가 많은 경우를 말하였다. 이를테면 六辛 人이 丙을 만나 官이 되지만 또한 많아서는 안 되며, 그 적절함을 얻은 자는 관직이 높아서 수레를 타고 면류관을 쓰는 것이다.

若被金火多者, 却位劣而班卑. 如甲人要庚辛爲官, 若金多, 則甲木反有所損. 故云 "陰陽不定."

만일 金人이 火가 많게 되면 오히려 지위가 낮으면서 반열이 천하다. 이를테면 甲人은 庚・辛을 官으로 필요로 하며, 金이 많게 되면 甲木에게 도리어 손해가 생긴다. 그래서 "陰陽이 일정하지 않다"고 하였다.

曇瑩曰: 大凡四柱五行, 火金多者, 不足貴也. 金剛而不能順物, 火暴而難益其生, 爲氣不常, 故君子之道鮮矣.

담영은 말한다.

대저 四柱 五行에서 火·金이 많으면 귀하기에 부족하다. 金은 강인하여 物에 따를 수 없고 火는 사나워 그 生을 보태 주기 어려우니, 그 氣가 항상성이 없으므로 君子의 道가 드물다.

身卑位高者危, 身高位卑者屈. 陰陽得位爲年, 支干始終無失.

身은 비천한데 지위가 높으면 위태롭고, 身은 높지만 지위가 낮으면 비굴하다. 陰陽이 제자리를 얻어 年이 되면 支干은 시종일관 잃음이 없다.

---

28. **是以龍吟虎嘯, 風雨助其休祥. 火勢將興, 故先烟而後燄.**

그러므로 龍이 읊조리고 호랑이가 울부짖음에는 바람과 비가 그 상서로움을 돕는다. 불의 기운이 장차 일어나려 하므로 먼저 연기가 나고 나서 불꽃이 피어난다.

王廷光曰: "水流濕, 火就燥; 雲從龍, 風從虎. 聖人作而萬物覩. 本乎天者親上, 本乎地者親下, 則各從其類[150]"者哉!

---

150) 水流濕火就燥 雲從龍風從虎 聖人作而萬物覩 本乎天者親上 本乎地者親下 則各從其類:『周易』乾卦에 보인다.

왕정광이 말하였다.

(『周易』乾卦에서) "물은 축축한 곳으로 흐르고 불은 마른 곳을 쫓으니, 구름은 용을 따르고 바람은 범을 따른다. 성인이 일어나니 만물이 바라본다. 하늘에 근본한 것은 위와 친하고 땅에 근본한 것은 아래와 친하니, 각각 그 비슷한 것을 따른다"고 하였다.

所謂龍者, 東方木也, 而金氣應之, 則吟而雨至; 虎, 西方金也, 而木氣應之, 則嘯而風生, 皆以類感.

소위 龍은 東方 木이니 金氣가 그것과 응하면 읊조려서 비가 내리고, 호랑이는 西方 金이니 木氣가 그것과 응하면 울부짖어서 바람이 생기니, 모두 같은 종류로 감응하는 것이다.

猶人之遭遇, 亦緣三元四柱五行, 乘生旺之氣, 則動無不吉者歟.

마치 사람의 遭遇가 또한 三元・四柱・五行에 연유해서 生旺의 氣를 타면 움직임에 吉하지 않음이 없는 것과 같다.

若夫初凶後吉者則不然, 譬之火之始然, 先烟而後焰也. 傳曰 "烟生於火而能韜火"也. 豈非火外景而晦, 烟達而得[151] 生.

---

151) 得:『낙록자부주』新文豐 本에는 "後"로 되어 있다.

不猶人之始凶而終吉者哉.

　처음은 凶하고 뒤는 吉한 경우는 그렇지 않으니, 비유하자면 불을 처음 붙일 때, 먼저 연기가 난 뒤에 불꽃이 타오른다. 전하는 말에 "연기는 불에서 생기나 능히 불을 왕성하게 할 수 있다" 하였다. 어찌 불이 겉은 환하지만 속이 어두워서 연기가 퍼져야 살 수 있는 것이 아니겠는가? 사람이 시작은 凶하나 종국에는 吉한 경우와 같다.

　李仝曰: 此作賦之意, 蓋爲上文言五行相剋, 或木成器, 合貴不貴. 此又言相剋相生, 因以龍虎烟焰爲喩.

　이동이 말하였다.

　이것이 賦를 지은 뜻이니, 대체로 윗글에서는 오행상극을 말했는데 혹 木이 그릇을 이룸에 따라 貴와 합하기도 하고 貴하지 않기도 했다. 여기서는 또 상극상생을 말했으므로, 용과 호랑이, 연기와 불꽃으로 비유하였다.

　若五行各得其所, 則如龍行雨降, 虎嘯風生. 又如火旺, 先有其烟, 後有其焰. 則前人之註, 引甲寅人三月生者非也.

　가령 五行이 각기 그 마땅한 자리를 얻으면, 마치 용이 움직여 비가 내리고 범이 울부짖어 바람이 생기는 것 같다. 또한 불이 왕성한 경우는 먼저 연기가 나고 나중에 불꽃이 피어오르는데, 앞선 사람들의 주석에서 甲寅人 三月生을 인용한 것은 잘못이다.

曇瑩曰: 龍吟雨降, 虎嘯風生. 故曰 "雲從龍, 風從虎, 則各 從其類"也.

담영은 말한다.

용이 읊조리면 비가 내리고 범이 울부짖으면 바람이 생긴다. 그래서 "구름은 용을 따르고 바람은 범을 따르니, 각각 그 비슷한 것을 따른다"고 하였다.

滋於枯槁, 助以休祥, 則風以散之, 雨以潤之也. 欲測將興 之事, 爲於未有之前, 是知先發其烟, 然後有燄.

메마른 대지를 적시고 吉祥으로 돕는 것은 바람으로 흩어 주고 비로 씻어 주는 것이다. 앞으로 일어날 일을 예측하려면 아직 나타나기 전에 해야 하니, 이것은 먼저 그 연기가 나고 그런 뒤에 불꽃이 있음을 아는 것이다.

"龍吟虎嘯", 當以戊辰·甲寅, 其義甚詳. 不然, 但遇寅與 辰相得是也.

"용이 읊조리고 호랑이가 울부짖음"은 마땅히 戊辰·甲寅으로 보아야 그 뜻이 아주 자세하다. 그렇지 않으면 단지 寅과 辰이 서로 얻음을 만난 것이 이것이다.

---

29. 每見凶中有吉, 吉乃先凶; 吉中有凶, 凶爲吉兆.

매번 보니, 凶 가운데 吉이 있어 吉은 凶에 앞서고, 吉 가운데 凶이 있어 凶은 吉의 조짐이 된다.

王廷光曰: 吉凶之相仍, 禍福之相因, 陰陽之常理也. 世固有吉人凶於吉, 凶人吉於凶者, 君子所不道也, 亦道其常者而已. 論五行, 貴而不純粹者, 則吉凶相半也. 人之祿馬貴人, 爲吉之兆, 而以五行休囚無氣, 故因吉以致凶耳.

왕정광이 말하였다.

吉凶이 서로 잇따르고 禍福이 상호 원인이 되는 것은 陰陽의 변함없는 이치이다. 세상에는 참으로 吉人이 吉 때문에 凶하고 凶人이 凶 때문에 吉한 경우가 있지만, 君子가 말하지 않는 바이니, 또한 그 항상된 것을 말할 따름이다. 五行을 論할 때, 貴하나 순수하지 않으면 吉凶이 서로 반반이다. 사람에게 있어 녹마귀인은 吉의 조짐이 되나, 五行이 休囚하고 無氣해서 그 때문에 吉이 凶에 이르는 것이다.

譬如甲子生人得丙寅, 坐祿乘馬遇食, 斯可以謂之吉矣. 以甲子自死之金, 而絶於寅, 凡遇丙寅生火制之爲身鬼, 斯可以謂之凶矣. 雖然, 有鬼化爲官者, 財化爲鬼者, 在智者以經重取之. 故曰 "吉中有凶, 凶爲吉兆."

예컨대 甲子生人(納音 金人)이 丙寅(納音 火)을 만나면 坐祿乘馬이고 食神을 만난 것이 되므로 吉이라 말할 수 있다. 甲子는 (納音十二運星으로)自死之金에 해당되어 寅에서 絶이 되며, 대개 丙寅(月)生은 火의 제어를 받아 身鬼가 됨을 만나므로 凶이라 말할 수 있다. 그렇지만 鬼가 변해서 官이 된 것과 財가 변해서 鬼가 된 것이 있으므로, 지혜로운 사람이 輕重을 가려 취하는 데 달려 있다. 그래서 "吉 가운데 凶이 있어 凶은 吉의 조짐이 된다"고 한 것이다.

李仝曰 凡行運有前五年凶, 後五年吉者. 前五年吉, 後五年凶者. 假令癸未生人十一月運,[152] 到酉上, 三水俱敗, 故不可也. 殊不知酉中有辛, 又是辛酉, 此爲印綬之鄕, 反有喜也. 故云 "凶中有吉."

이동이 말하였다.

무릇 行運에는, 앞선 5년이 凶하고 뒤 5년은 吉하거나 앞선 5년이 吉하고 뒤 5년은 凶함이 있다. 가령 癸未生 人이 十一月運이 酉

---

152) 癸未生人十一月運: 『신조주소낙록자삼명소식부』에는 "癸亥生人十一月運"이라 하였다.

위에 이르면 三水가 함께 敗이므로 좋지 않다. (하지만 이 판단은) 酉 안에 辛이 있어 또 辛酉이므로 이는 印綬의 鄕이 되어 도리어 기쁨이 있음을 전혀 알지 못한 것이다. 그래서 "凶 가운데 吉이 있다"고 한 것이다.

曇瑩曰: 凶若勝吉, 吉蘊凶中; 吉若勝凶, 凶藏吉內. 駁雜生於純粹, 比和出於戰爭. 故曰 "吉中有凶, 凶爲吉兆."

담영은 말한다.

凶이 만약 吉을 이기면 吉은 凶 안에 싸여 있고, 吉이 만약 凶을 이기면 凶은 吉 속에 감추어져 있다. 복잡함은 순수함에서 나오고 比和는 전쟁에서 나온다. 그래서 "吉 가운데 凶이 있어 凶은 吉의 조짐이 된다"고 하였다.

---

30. 禍旬向末, 言福可以迎推; 纏入衰鄕, 論災宜其逆課.[153] 男迎女送, 否泰交居, 陰陽二氣, 逆順折除.

10년 주기의 禍가 끝을 향해 있다면 福을 말할 때 맞이할 것으로 추측할 수 있고, 이제 막 衰鄕에 들어갔다면 재앙을 논할 때 거꾸로 헤아리는 것이 마땅하다. 남자는 맞이하고 여자는 보내며 否卦와 泰卦는 교차해서 있으니, 陰과 陽 두 氣는 逆과 順으로 折除한다.

王廷光曰: 五行順則福生, 逆則災至. 和以致祥, 乖以致亂. 此論災福由之於行運也.

왕정광이 말하였다.

五行은 따르면 福이 생기고 거스르면 재앙이 이르며, 화합함으로써 상서로움을 招致하고 어긋남으로써 어지러움을 招致한다. 여기서는 災와 福이 行運에서 연유함을 논하였다.

然行運有前後五年之說, 蓋餘福耳.

하지만 行運에 앞뒤 5년이 있다는 說은 대체로 남은 福에만 해당될 뿐이다.

一旬爲十歲, 將臨出運日向末, 言新福可以迎推.

一旬은 10년이며, 장차 나가려는 運에 臨하는 것을 '向末(끝을 향한다)'이라 하니, 새로운 福을 맞이하여 추측할 수 있음을 말하였다.

甲戌火運, 乍入衰鄕, 而尚有旺鄕之餘福, 亦未可便爲之災, 福宜逆課, 其爲福耳.

---

153) 逆課:『신조주소낙록자삼명소식부』에는 "速課"로 되어 있다.

甲戌 火運은 막 衰鄕에 들었어도 여전히 旺鄕의 남은 福이 있어서 아직 바로 災라 할 수 없으니, 福은 거꾸로 헤아려야 그 福이 될 뿐이다.

陽男陰女, 大運順行, 以其氣之不逆者也. 每遇出災入吉之運, 而可以迎新福而導舊災矣.

陽男과 陰女는 대운을 順行하니 그 기운이 거스르지 않기 때문이다. 매번 災가 나가고 吉이 들어오는 運을 만나면, 새로운 복은 맞이하고 묵은 災는 인도할 수 있다.

陽女陰男, 大運逆行, 以其氣之不順者也, 則可以守舊福福而避新災耳. 故謂 "男迎女送"者歟.

陽女와 陰男은 대운을 역행하니 그 기운을 따르지 않기 때문인데, 그런즉 옛 福을 지키면서 새 재앙을 피할 수 있을 뿐이다. 그래서 "남자는 맞이하고 여자는 보낸다"고 한 것이다.

"否泰交居"者, 此云泰卦爲三陽之首, 小運則男起丙寅. 否卦爲七月之辰, 女子則運行於坤位. 今甲己生人一歲, 男起丙寅, 女起壬申者是也.

"否卦와 泰卦는 교차해서 있다"는 것은, 이것은 泰卦는 三陽의 우두머리가 되므로 小運이 남자는 丙寅에서 일어나고, 否卦는 7월의 辰이므로 여자는 운이 坤位에서 운행함을 말한다. 지금 甲己生人의 일 년이, 남자는 丙寅에서 시작되고 여자는 壬申에서 시작되는 것이 이것이다.

所謂 "陰陽二氣"者, 蓋言小運乃年之氣也, 大運乃月之氣也. 『經』曰: "日干爲運, 月干爲氣, 凝神於三命之中." 小運則從生日以交, 大運則論其氣而過. 蓋二氣運行, 由我言命者也.

소위 "陰陽 二氣"라는 것은, 대개 小運은 年의 氣이고 大運은 月의 氣임을 말한다. 『경』에 이르길, "日干은 運이 되고 月干은 氣가 되어 三命 가운데 精神이 응집된다"고 하였다. 小運은 生日을 따라 교차하고 大運은 그 氣를 論하며 지나간다. 대체로 두 氣의 운행은 우리 命을 말하는 사람에게서 비롯된 것이다.

或謂隨太歲而過者非也. 蓋太歲爲神煞之首, 未生我時已位矣. 故曰 "陰陽二氣, 逆順折除." 折除之法, 已載於前.

혹은 태세를 따라 지나간다고 말하는데, 잘못이다. 대개 태세는 神煞의 으뜸으로, 내가 태어나기도 전에 이미 자리를 잡았다. 그래서 "陰과 陽 두 氣는 逆과 順으로 折除한다"고 한 것이다. 折除의 방법은 이미 앞서 실었다.

李仝曰: 此言將出災運, 故交福運, 尙有餘災, 欲徹之時, 可以迎新福救之. 初入衰鄕者, 逆而課之, 前五年自吉運中來, 猶披尠福, 未可言災.

이동이 말하였다.

여기서는 장차 나가려는 災運은 짐짓 福運과 교차되지만 여전히 남은 재앙이 있으므로 걷어내고 싶을 때는 새 복을 맞이하여 그것을 구할 수 있음을 말하였다. 또 처음 衰鄕에 들어간 경우는 거꾸로 헤아려야 하며 이전 5년이 吉運에서 와서 여전히 적은 福을 입으므로 아직 災라 말할 수 없음을 말하였다.

男詳大運初入之年迎何災福,154) 故云 "迎"也; 女詳大運將出之年送何災福,155) 故云 "送"也. 陰男陽女, 陽男陰女, 依逆順行運折除, 看新舊運上有何吉凶, 以運數言之也.156)

남자는 大運이 처음 들어가는 年에 어떤 災福을 맞이하느냐를 상세히 살피므로 '迎'이라 하고, 여자는 大運이 장차 내보내는 年이 어떤 災福을 보내느냐를 상세히 살피므로 '送'이라 한다. 陰男과 陽女, 陽男과 陰女는 行運의 逆·順에 따라서 折除하고, 新運과 舊運에 어떤 吉凶이 있는가를 살펴서 運數로 그것을 말한다.

---

154) 迎何災福:『新雕注疏珞珠子三命消息賦』에는 "是何災福"이라 하였다.

155) 送何災福:『新雕注疏珞珠子三命消息賦』에는 "是何災福"이라 하였다.

156) 以運數言之也:『新雕注疏珞珠子三命消息賦』 판본에서는 "以將出運之年言之也"이라 하였다.

曇瑩曰: 陰陽男女之別, 吉凶禍福之稱. 此論行運, 各指長生, 次於衰地.

담영은 말한다.

陰陽 男女의 구분은 吉凶 禍福과 대칭된다. 여기서는 行運을 논했는데, 각기 長生을 가리키고 다음으로 衰地를 論했다.

卽如金生於巳而衰於戌, 戌上男順行於死囚休廢, 女逆行於帝旺臨官. 又如巳中男順旺於申酉之鄕, 女逆困於寅卯之地.

가령 金은 巳에서 生하고 戌에서 衰하니, 戌에서 남자는 死·囚·休·廢로 순행하고 여자는 帝旺·臨官으로 역행한다. 또 가령 巳에서는 남자는 순행하여 申·酉 鄕에서 旺하고, 여자는 역행하여 寅·卯 地에서 피곤하다.

故曰 "禍旬向末, 言福可以迎推. 纔入衰鄕, 論災宜其逆課."

그래서 "10년 주기의 禍가 끝을 향해 있다면 福을 말할 때 맞이할 것으로 추측할 수 있고, 이제 막 衰鄕에 들어갔다면 재앙을 논할 때 거꾸로 헤아리는 것이 마땅하다"고 한 것이다.

31. 占其金木之內, 顯於方所分野. 標其南北之間, 恐不利
    於往來.

그 金木[東西] 안을 차지하면 해당 방위의 分野에서 빛나고, 그
南北[水火] 사이의 표면에 있으면 往來하기에 불리할까 두렵다.

雲瑩曰: 南北以水火之分, "顯於方所分野"; 金木指東西之
位, "恐不利於往來." 皆以八卦變通, 向三避五, 行藏動止, 出
入施爲, 禍福吉凶, 不可不察.

담영은 말한다.

南과 北은 水와 火의 분야이므로 "해당 방위의 분야에서 빛나
고", 金과 木은 東과 西의 방위를 가리키므로 "왕래하기에 불리할
까 두렵다"고 하였다. 모두 八卦로 변통하여 세 가지(生氣·福德·
天醫)를 향하고 다섯 가지(絕體·遊魂·五鬼·絕命·本宮)는 피하
니, 움직이고 멈춤과 들고 나며 시행함에 있어 禍福吉凶을 살피지
않을 수 없다.

32. 一旬157)之內, 於年中而問干, 一歲之中, 向月中而求
    日.158) 向三避五, 指方面以窮通; 審吉量凶, 述歲中之
    否泰.

一旬(10년) 내에는 年 안에서 干을 묻고, 1년 중에는 月을 향해 日을 구한다. 세 가지를 향하고 다섯 가지는 피하여 방면에 따라 窮通한 것을 가리키고, 吉함을 살피고 凶함을 헤아려 한 해 안의 否泰를 서술한다.

曇瑩曰: 處定求動, 尅未進而難遷; 得月問年, 向月中而求日. 述歲中否泰, 指方面窮通.

담영은 말한다.

고요한 곳에 있으며 움직임을 구하면 尅이 아직 진행되지 않아 옮아가기 어렵고, 月을 얻어 年을 물으면 月 가운데서 日을 구한다. 한 해 중의 否와 泰를 서술하고, 방면의 窮과 通을 가리킨다.

"向三"者, 生氣福德天醫是也; "避五"者, 絶體遊魂五鬼絶命本宮是也. 又云 "向三向而避五位, 是則一白二黑三碧四綠五黃六白七赤八白九紫", 此乃六輪八卦九宮之法.

"세 가지를 향한다"는 것은 生氣·福德·天醫가 이것이고, "다섯 가지를 피한다"는 것은 絶體·遊魂·五鬼·絶命·本宮이 이것이다. 또 이르길 "三向을 향하고 五位를 피하는 것이니, 이는 一白·

---

157) 一旬:『신조주소낙록자삼명소식부』에서 東方明은 "一旬是本旬甲子也"라 하였다.

158) 一歲之中向月中而求日:『낙록자삼명소식부주』와『신조주소낙록자삼명소식부』에서 모두 "一歲之中求月中而問日"이라 하였다.

二黑・三碧・四綠・五黃・六白・七赤・八白・九紫이다"고 하였는데, 이것은 六輪의 八卦九宮法이다.

---

33. 壬癸秋生而冬旺, 亥子同途; 甲乙夏死而春榮, 寅卯一類.[159)

壬과 癸는 가을에 生하고 겨울에 왕성하니 亥와 子도 동일하고, 甲과 乙은 여름에 死하고 봄에 피니 寅과 卯도 한 가지이다.

曇瑩曰: 庚爲衆金之主, 故居申而生水, 水歸亥・子, 冬天而旺. 壬爲聚水之源, 故居亥而生木, 木歸寅・卯, 春天而壯. 甲爲羣木之首, 故居寅而生火, 火歸巳午, 夏天而旺. 戊爲衆土之尊, 故居巳而生金, 金歸申酉, 秋天而旺.

담영은 말한다.

庚은 여러 金의 주인이 되므로 申에 거하여 水를 생하고, 水는 亥・子에 귀속되니 겨울에 왕성하다. 壬은 모인 물의 원천이 되므로 亥에 거하여 木을 生하고, 木은 寅・卯에 귀속되니 봄에 건장하다. 甲은 여러 나무의 으뜸이 되므로 寅에 거하여 火를 生하고, 火는 巳・午에 귀속되므로 여름에 왕성하다. 戊는 여러 土의 어른이 되므로 巳에 거하여 金을 生하고, 金은 申・酉에 귀속되니

---

159) 寅卯一類: 『신조주소낙록자삼명소식부』와 『소식부』에는 "寅卯一揆"로 되어 있다.

가을에 왕성하다.

壬癸, 亥子, 一類水也, 水生於申而旺於子. 甲乙, 寅卯, 一類木也, 木旺於卯而死於午. 故曰 "壬癸秋生而冬旺, 甲乙夏死而春榮."

壬癸와 亥子는 같은 종류의 水이며, 水는 申에서 生하고 子에서 旺하다. 甲乙과 寅卯는 같은 종류의 木이며, 木은 卯에서 旺하고 午에서 死한다. 그래서 "壬과 癸는 가을에 生하고 겨울에 왕성하며, 甲과 乙은 여름에 死하고 봄에 핀다"고 하였다.

---

34. 丙寅丁卯, 秋天宜以保持; 己巳戊辰, 度乾宮而脫厄.

丙寅과 丁卯는 가을에 잘 보전하는 것이 마땅하고, 己巳와 戊辰은 乾宮을 지나며 厄을 벗는다.

曇瑩曰: 丙寅丁卯, 舉火之類. 火旣剋金, "秋天保持"者, 何也? 言水生於秋故也.

담영은 말한다.

丙寅과 丁卯는 모두 火의 종류이다. 火는 이미 金을 극하였는데 "가을에 잘 보전하라"는 것은 왜인가? 水는 가을에 生하기 때문이다.

己巳·戊辰, 擧木之類. 木旣生亥, "乾宮脫厄"者, 何也?
言亥有乾金故也.

己巳와 戊辰은 모두 木의 종류이다. 木은 이미 亥에서 生하였는
데 "乾宮에서 厄을 벗는다"는 것은 왜인가? 亥는 乾金에 있기 때
문이다.

自"癸壬秋生冬旺" 止"脫厄於乾宮", 皆明五行休旺之情·
造化自然之理.

"壬과 癸는 가을에 生하고 겨울에 왕성하다"부터 "乾宮에서 厄
을 벗는다"까지는 모두 五行이 休旺하는 정상과 자연이 조화를
이루는 이치를 밝힌 것이다.

---

35. 値病憂病, 逢生得生. 旺相崢嶸, 休囚滅絶.

病을 만나면 病을 걱정하고, 生을 만나면 生을 얻는다. 旺相한
때는 쟁쟁하고, 休囚한 때는 절멸한다.

曇瑩曰: "値病憂病", 以 "休囚滅絶"而言; "逢生得生", 以

"旺相崢嶸"爲義.

담영은 말한다.

"病을 만나면 病을 걱정한다"는 "休囚해서 절멸한다"는 것을 말하고, "生을 만나면 生을 얻는다"는 "旺相해서 쟁쟁하다"는 것을 뜻한다.

"値病憂病"者, 五行病中逢鬼是也. 其如木值辛巳金, 火値甲申水, 土遇庚寅木, 金逢乙亥火, 如此之類, "休囚滅絶."

"病을 만나면 病을 걱정한다"는 것은, 五行이 病 중에서 鬼를 만나는 것이다. 이를테면 木이 辛巳 金을 만나고, 火가 甲申 水를 만나고, 土가 庚寅 木을 만나고, 金이 乙亥 火를 만나는 것이니, 이런 부류는 "休囚해서 절멸한다."

"逢生得生"者, 五行生處逢生是也. 其如木臨癸亥水, 火得庚寅木, 如水値壬申金, 金逢丁巳土, 如此之類, 旺相崢嶸.

"生을 만나면 生을 얻는다"는 것은 五行이 生하는 곳에서 生을 만나는 것이다. 이를테면 木이 癸亥 水에 臨하고, 火가 庚寅 木을 얻으며, 水가 壬申 金을 만나고, 金이 丁巳 土와 만나는 것이니, 이런 부류는 "旺相해서 쟁쟁하다."

或逢之歲運, 或値之鎡基, 更看始終, 隨宜消息.

혹 歲運에서 그것(旺相崢嶸과 休囚滅絶)을 만나기도 하고, 혹 鎡
基에서 그것과 만나기도 하니, 다시 始終을 살펴 마땅함을 좇아
消息해야 한다.

---

36. 論其眷屬, 憂以死絶.

권속을 논함에 있어서는 死와 絶이 됨을 걱정한다.

曇瑩曰: 生我者爲父母, 我生者爲子孫. 剋我者爲官鬼, 我
剋者爲妻財, 比和者爲兄弟.

담영은 말한다.

나를 生한 것은 부모가 되고, 내가 生한 것은 자손이 된다. 나
를 剋한 것은 官鬼가 되고, 내가 剋한 것은 妻財가 되며, 比和하는
것은 형제가 된다.

慮在空亡死絶之地, 憂居休囚衰敗之鄉.

空亡·死·絶地에 있음을 염려하고, 休·囚·衰·敗鄉에 머묾을
걱정한다.

37. 墓在鬼中, 厄疑者甚.

墓가 鬼 안에 있으면 厄이 있을까 심히 의심된다.

曇瑩曰: "墓在鬼中"者, 以其五行墓中逢鬼是也. 只如金畏
己丑火, 木憂乙未金, 水懼丙辰土, 土慮戊辰木, 火怕壬戌水,
如此之格, "厄疑者甚."

담영은 말한다.

"墓가 鬼 안에 있다"는 것은, 五行이 墓 안에서 鬼를 만나는 것
이다. 예컨대 金은 己丑 火를 두려워하고, 木은 乙未 金을 걱정하
고, 水는 丙辰 土를 두려워하고, 土는 戊辰 木을 염려하며, 火는 壬
戌 水를 겁내니, 이런 格은 "厄이 있을까 심히 의심된다."

38. 足下臨喪, 面前可見.

발아래에 喪이 임하면, 면전에서 볼 수 있다.

曇瑩曰: "足下臨喪, 面前可見", 以其命前二辰爲喪門, 命
後二辰爲吊客. 或太歲諸煞, 大小運臨, 憂其不測之災, 慮有
外服之象.

담영은 말한다.

"발아래에 喪이 臨하면 면전에서 볼 수 있다"는 것은, 그 命 앞의 二辰이 喪門이 되고 命 뒤의 二辰이 吊客이 되기 때문이다. 혹 太歲의 여러 煞이 大·小運에 臨하면, 예측하지 못한 재앙을 염려하고 외복의 象이 있음을 걱정한다.

---

39. 憑陰察其陽禍, 歲星莫犯於孤辰; 恃陽鑑以陰災, 天年
   忌逢於寡宿.

陰에 기대어 그 陽의 禍를 살피니 歲星은 孤辰을 범하지 말아야 하고, 陽에 의지하여 陰의 災를 경계하니 天年은 寡宿에서 만나는 것을 꺼린다.

曇瑩曰: 嘗試論其寅卯辰人, 巳爲孤辰, 丑爲寡宿, 其寅辰是陽之位, 丑巳爲陰之位. 故云 "憑陰察其陽禍, 歲星莫犯於孤辰."

담영은 말한다.

일찍이 논해 보니, 그 寅·卯·辰 人은 巳가 孤辰이 되고 丑이 寡宿이 되니, 그 寅과 辰은 陽의 자리이고 丑과 巳는 陰의 자리가 된다. 그래서 "陰에 기대어 그 陽의 禍를 살피니 歲星은 孤辰을 범하지 말아야 한다"고 한 것이다.

巳未以申爲孤辰, 辰爲寡宿, 未巳爲陰之位, 辰申是陽之位.
故曰 "恃陽鑑以陰災, 天年忌逢於寡宿."

巳와 未는 申이 孤辰이 되고 辰이 寡宿이 되니, 未와 巳는 陰의
자리가 되고 辰과 申은 陽의 자리가 된다. 그래서 "陽에 의지하여
陰의 災를 경계하니 天年은 寡宿에서 만나는 것을 꺼린다"고 한
것이다.

天年猶小運也, 歲星猶太歲也. 陽以孤辰爲重, 陰以寡宿爲深

天年은 小運과 같고, 歲星은 太歲와 같다. 陽이 고진이면 重하고,
陰이 과숙이면 깊다.

---

40. 先論二氣, 次課延生. 父病推其子祿, 妻災課以夫年.

먼저 二氣를 논하고, 그다음에 延生으로 헤아린다. 아비의 병은
그 자식의 祿으로 추측하고, 처의 재앙은 지아비의 年으로 헤
아린다.

曇瑩曰: 五行相生爲父子, 其爲傳受之氣, 青赤等類是也.
陰陽相制爲夫妻, 其爲交合之辰, 支干等類是也.

담영이 말했다.

五行이 相生하여 父子가 되니, 그 주고받는 氣는 靑·赤과 같은 종류가 이것이다. 陰陽이 相制하여 부부가 되니, 그 교합하는 辰은 干支와 같은 종류가 이것이다.

假令金病, 無疑畏火, 急求水以救之, 蓋金生水爲子, 水剋火故也.

가령 病이 난 금은 틀림없이 火를 두려워하는데 급히 水를 찾아 그것을 구제하니, 대개 金生水하여 子가 되므로 水가 火를 극해 주기 때문이다.

又如金之災者, 恐値火也. 且看火之休旺如何, 蓋剋我者爲夫.

또 災가 든 金은 火와 만나는 것을 두려워한다. 우선 火의 休·旺이 어떤지를 보아야 하니, 대개 나를 극하는 것이 지아비가 되기 때문이다.

此乃救解二法, 最爲詳要.

이것이 구제하는 두 가지 法이니, 가장 상세하면서도 요령 있는 것이다.

41. 三宮元吉, 禍遲可以延推; 始末皆凶, 災忽來而迅速.

三宮이 元吉하면 禍를 늦추어 연기할 수 있고, 시작과 끝이 모두 凶하면 재앙이 갑자기 오며 신속하다.

曇瑩曰: 三元得地而吉, 四柱遞合爲崇. 蓋三元者, 祿命身也. 互乘旺氣, 福德加臨, 如此者, 得禍延遲, 獲福非鮮.

담영은 말한다.

三元이 地(地支)를 얻으면 吉하니, 四柱가 번갈아 合하여 높게 된다. 대개 三元은 祿과 命과 身이다. 서로 旺氣를 타고 福德이 더하여 臨하니, 이런 자는 禍를 만나도 연기되며 복을 받음이 적지 않다.

其或始終駁剋, 高下相陵, 則福且遠矣, 災來速矣.

혹 처음부터 끝까지 부딪치고 극하며 高下가 서로 업신여기면, 복은 멀어지고 재앙은 빨리 온다.

42. 宅墓受煞, 落梁塵以呻吟; 喪吊臨門, 變宮商爲薤露.

> 宅과 墓가 煞을 받으면 梁塵(맑고 깨끗한 음악 소리)이 신음 소
> 리로 추락하고, 상문 살과 조객 살이 문 앞에 다다르면 宮商(아
> 름다운 음악)이 薤露歌(상두군의 노래 소리)로 변한다.

曇瑩曰: 古之善歌者有遶梁之聲, 善唱者合宮商之曲. 今易
以呻吟愁歎, 變爲薤露挽歌, 則 "喪弔臨門, 宅墓受煞" 故也.

담영은 말한다.

옛날 노래를 잘하는 자에 소리가 대들보까지 맴도는 사람이
있었고, 잘 부르는 자는 궁상의 곡과 합치되었다. 지금 신음과 탄
식으로 바뀌고 만가인 해로가로 변한 것은 "상문과 조객 살이 문
앞에 임하여 택과 묘가 煞을 받았기" 때문이다.

常以命前五辰爲宅, 命後五辰爲墓. 又以命前二辰爲喪門,
命後二辰爲弔客. 其或太歲凶煞臨併, 大小運限刑衝, 必致凶
禍, 切宜預避.

언제나 命 앞의 五辰은 宅이 되고, 命 뒤의 五辰은 墓가 된다. 또
命 앞의 二辰은 喪門이 되고, 命 뒤의 二辰은 弔客이 된다. 혹 태세
가 흉살과 함께 臨하고 大·小 運限이 형충하면, 반드시 凶한 禍
에 이르니 기필코 끊어 미리 피하여야 한다.

43. 干推兩重, 防災於元首之間; 支折三輕, 愼禍於股肱之
    內. 下元一氣, 周居去住之期.

天干은 兩重을 미루어 보니 재앙을 머리 사이에서 막을 수 있
고, 地支는 三輕에서 변절되니 禍를 팔과 다리에서 주의해야 한
다. 下元의 一氣는 머무르고 떠나는 기한에 두루 기거한다.

　曇瑩曰: 三元兩値受剋, 防災於頭目臂背之間; 支辰三次逢
傷, 遭禍於腹藏股肱之內. 下元一氣, 納音是也. 其主宰五行,
逐支干遷變. 故曰 "周居去住之期", 而成否泰.

담영은 말한다.

　三元은 양쪽에서 극을 받으니 재앙을 머리와 가슴 사이에서 막
고, 支辰은 세 번 상처를 만나니 禍를 배와 팔다리 안에서 조우한
다. 下元 一氣는 納音이 이것이다. 그것이 五行을 주재하고 支干을
쫓아 옮겨 다니므로 "머무르고 떠나는 기한에 두루 기거한다"고
하였고, 불운과 행운을 만든다.

44. 仁而不仁, 慮傷伐於戊己.

仁이 不仁하다면, 戊와 己에게 剋을 당해 손상됨을 걱정한다.

曇瑩曰: 仁者, 木也: 戊己, 土也. 木本性仁, 慮貪, 戊己利動君子, 反有不仁. 此則逢之爲災, 去之爲福.

담영은 말한다.

仁은 木이고 戊와 己는 土이다. 木은 본래 성품이 仁한데 탐욕을 걱정하니, 戊와 己는 이익 군자는 움직여 도리어 不仁함이 있는 것이다. 이것은 만나면 재앙이 되고 떠나가면 복이 된다.

---

45. 至於寢食待衛. 物有鬼物, 人有鬼人, 逢之爲災, 去之爲福.

寢食과 養生에 있어서도, 物에는 鬼物이 있고 사람에게는 鬼人이 있으니, 그것을 만나면 재앙이 되고 떠나가면 福이 된다.

曇瑩曰: 君子晨興暮寢, 常宜攝衛護持, 其或食息弗調, 動過生疾. 於是合中逢鬼, 吉內獲凶, 雖或人情所爲, 亦被陰陽所宰.

담영은 말한다.

군자는 새벽에 일어나 저녁에 잘 때까지 항상 攝生과 보호를 잘 해야 하니, 혹 먹고 쉼이 조화롭지 못하면 움직임이 과하여 병이 생긴다. 그래서 合 가운데 鬼를 만나기도 하고 吉 안에서 凶

을 얻기도 하니, 비록 人情이 하는 바이지만 역시 陰陽의 주재를 받는다.

---

46. 就中裸形夾煞, 魄往酆都; 所犯有傷, 魂歸岱嶺.

그 가운데 裸形에 煞이 끼면 백이 풍도로 가고, 범한 곳에 傷이 있게 되면 혼은 대령으로 돌아간다.

曇瑩曰: 嘗論裸形載花, 乃沐浴中帶合也. 加以凶神交倂, 惡煞刑衝, 得之於人, 則耽荒財色, 逐妄耗眞, 所犯之神, 積虧成損. 有如此者, 中道而夭, 曾不盡其天年. 岱嶺酆都, 乃陰府冥山之謂也.

담영은 말한다.

일찍이 논해 보니, 裸形은 載花하니 바로 沐浴에서 합을 가지고 있다. 게다가 흉신이 아울러 다투고 악살이 형충하니, 사람이 그 것을 얻으면 財色에 탐닉하고 망상을 좇아 참됨을 소모하여 범한 곳의 神이 이지러짐이 쌓여 손해를 이룬다. 이런 것이 있는 자는 중도에 요절하고 조금도 자신의 수명을 다하지 못한다. 대령과 풍도는 저승과 지옥의 산을 말한다.

常以庚辰人逢乙酉, 引之爲喩, 蓋天地合中, 金旺水敗.

항상 庚辰人이 乙酉를 만나는 것을 인용하여 비유했는데, 대체로 天地가 合하는 가운데 金이 旺하고 水가 敗하기 때문이다.

---

47. 或乃行來出入, 抵犯凶方, 嫁娶修營, 路登黃黑. 災福
    在歲年之位內, 發覺由時日之擊揚.

혹 왕래하고 출입함에 있어서 凶方과 맞닥뜨리거나 범하니, 혼인이나 수양에서 黃道에 들기도 하고 黑道에 들기도 한다. 災와 福은 歲年의 자리 안에 있고, 발휘되는 것은 時와 日의 擊揚에서 말미암는다.

曇瑩曰: 殊常異舊, 變處爲萌. 其或 "嫁娶修營", 行方出入, 宜擇善地, 先要預防. 雖非三命之談, 亦備九宮之法.

담영은 말한다.

常道를 달리하고 옛것을 바꾸니 변한 곳에서 싹이 튼다. 혹 "혼인을 하거나 자신을 수양할 때" 왕래하고 출입함에 있어 마땅히 좋은 곳을 선택하고 먼저 예방해야 한다. 비록 三命의 말은 아니지만 또한 九宮의 법을 갖추고 있다.

詳以逐年神煞, 身黑身黃, 其"由時日之擊揚", 必在歲年位內.

年을 따르는 神煞로 자세히 보면 身黑하고 身黃하니, "時日의 擊揚으로 말미암아" 반드시 歲年의 자리 안에 있게 되는 것이다.

---

48. 五神相剋, 三生定命.

五神은 서로 극하고 三生은 命을 정한다.

曇瑩曰: 五神, 五行也;160) 三生, 三元也.161) 凡觀人命, 須究根基, 用三元定官, 以五行相配. 況吉凶禍福, 豈偶然哉? 與夫析理精微, 不在支離蔓述.

담영은 말한다.

五神은 五行이고 三生은 三元이다. 무릇 人命을 볼 때는 반드시 根基를 궁구해야 하니, 三元으로 官을 정하고 五行으로 서로 짝짓는다. 하물며 길흉화복이 어찌 우연이겠는가? 이치를 정미하게 분석해야지, 지리멸렬하게 서술하는 데 달려 있지 않다.

---

49. 每見貴人食祿, 無非祿馬之鄕.

매번 보니, 貴人과 食祿은 祿馬의 鄕이 아님이 없다.

---

160) 五神五行也:『신조주소낙록자삼명소식부』에는 "五神者, 絕躰遊魂五鬼絕命歸魂也"라 하였다.
161) 三生三元也:『신조주소낙록자삼명소식부』에는 "三生者, 生氣天醫福德也"라 하였다.

雲瑩曰: 此法以日時祿馬五子元求之. 或相生於本命建旺之鄉, 或駁剋於當生滅絶之地, 至若運限加臨, 必有吉凶之兆.

담영은 말한다.

이 법은 日時의 祿馬로 五子元에서 그것을 구한다. 혹 本命의 建旺 鄕에서 相生하기도 하고 혹 當生의 滅絶 地에서 駁剋 하기도 하는데, 運限이 더하여 임하게 되면 필시 吉凶의 징조가 있다.

---

50. 源濁伏吟, 惆悵歇宮之地.

근원이 탁하면 伏吟이고 메마른 宮의 땅에서 슬퍼한다.

雲瑩曰: 凡遇五行而造化滅絶空亡, 更逢運限刑衝, 惡星交併, 主多憂少樂, 必招天亡. 惆悵伏吟, 故號 "歇宮之地."

담영은 말한다.

무릇 오행의 조화가 滅絶과 空亡을 만나고 다시 運限의 형충을 만난 데다 惡星이 교대로 모이면, 걱정은 많아지고 기쁨은 적어지면서 반드시 요절하고 망하게 된다. 伏吟에서 서글피 탄식하니, 그래서 "歇宮 地"라 부른다.

51. 狂橫起於勾絞.

혹독한 橫厄은 勾와 絞에서 일어난다.

曇瑩曰: 陽命以前三辰爲勾, 後三辰爲絞; 陰命以前三辰爲絞, 後三辰爲勾. 其或交臨運限, 乃招狂橫之災.

담영은 말한다.

陽命은 앞의 三辰이 勾가 되고 뒤의 三辰이 絞가 되며, 陰命은 앞의 三辰이 絞가 되고 뒤의 三辰이 勾가 된다. 혹 교차하여 運限에 臨하면 혹독한 횡액이 닥치는 재앙을 초래한다.

52. 禍敗發於元亡.

禍와 敗는 元辰과 亡神에서 발생한다.

曇瑩曰: 此論元辰亡神也. 元辰以陽男陰女, 衝前一辰; 陰男陽女, 衝後一辰.

담영은 말한다.

여기서는 元辰과 亡神을 論하였다. 元辰은 陽男陰女는 앞의 一辰에 衝하고, 陰男陽女는 뒤의 一辰에 衝한다.

其次亡神, 以寅午戌在巳, 巳酉丑在申, 申子辰在亥, 亥卯
未在寅.

다음으로 亡神은 寅·午·戌은 巳에 있고, 巳·酉·丑은 申에
있고, 申·子·辰은 亥에 있으며, 亥·卯·未는 寅에 있다.

更值當生凶煞, 歲運刑星, 多因官事勾連, 訟端縈絆, 加以
宅墓同處, 少樂多憂, 故下文云.

게다가 當生의 凶殺을 만나고 세운이 星을 刑하면 官事로 인한
연루됨이 많고 소송에 휘말린다. 그(元辰과 亡神) 위에 宅과 墓가
같이 있으면 기쁨은 적고 걱정은 많으므로 아래 문장에서 말한다.

---

53. 宅墓同處, 恐少樂而多憂, 萬里回還, 乃是三歸之地

(元辰과 亡神에) 宅과 墓가 같이 있으면 즐거움이 적고 걱정이 많
을까 염려되니, 만 리 먼 곳에서 돌아와 보니 바로 三歸의 땅이다.

曇瑩曰: 三歸之地乃辰戌丑未. 此云三丘, 亦云五墓. 故以
歸根復命, 返本還源. 凡此四辰, 以應回還之象.

담영은 말한다.
三歸 地는 바로 辰·戌·丑·未이니, 이를 三邱라 하기도 하고

五墓라 이르기도 한다. (만물은)뿌리와 命으로 복귀하고 근본과 본원으로 돌아가기 때문이다. 무릇 이 四辰(辰·戌·丑·未)은 回還하는 象에 응한다.

---

54. 四煞之父, 多生五鬼之男.

四煞이 있는 아버지는 五鬼가 든 남자를 많이 낳는다.

曇瑩曰: 或云劫災天地四煞, 或以辰戌丑未爲四陰煞.

담영은 말한다.

혹은 劫災를 天地의 四煞이라 하고, 혹은 辰·戌·丑·未를 四陰煞이라고 한다.

此用遊年太歲, 或大小兩運, 全其四煞, 三元受傷於年. 養子乃是五鬼之男. 反制受剋, 不純粹也.

이는 遊年과 太歲 혹은 大·小 運이 四煞을 온전히 가지면, 三元이 年에서 傷을 입으니 養子는 바로 五鬼之男이다. 반대로 제어되어 극을 받으니 純粹하지 못한 것이다.

55. 六害之徒, 命有七傷之事.

六害가 있는 무리는 命에 七傷의 일이 있다.

曇瑩曰: 凡看人命, 或値一兩重六害, 或展轉凶煞幷衝, 如
此之人, 命有七傷之事.

담영은 말한다.

무릇 사람의 命을 보면, 혹 한두 곳에서 六害가 거듭되거나 혹
전전하는 흉살이 아울러 衝함을 만나는데, 이런 사람은 命에 七傷
의 일이 있다.

56. 眷屬情同水火, 相逢於沐浴之鄕.

가족 간의 정이 물과 불 같다면, 서로 沐浴의 鄕에서 만난 것이다.

曇瑩曰: 凡本命沐浴中相剋是也. 此主六親寡合, 朋友匪和,
凡處求謀, 故難成就.

담영은 말한다.

무릇 本命이 沐浴 중에서 서로 극한 경우가 이것이다. 이 주인
은 육친과 마음이 잘 안 맞고 친구와 화합하지 못하니, 추구하고

모색하는 일들을 성취하기 어렵다.

---

57. 骨肉中道分離, 孤宿猶嫌於隔角.

골육이 중도에 헤어진다면, 孤辰과 寡宿이 角隔에 있을까 의심
된다.

曇瑩曰: 子午卯酉中有死氣, 辰戌丑未四墓之鄕. 人或値之,
孤中孤也. 斯主夫妻暌隔, 財散人離, 眷屬喪亡, 與時相逆.

담영은 말한다.

子・午・卯・酉는 그 中에 死氣가 있고, 辰・戌・丑・未는 四墓
의 鄕이다. 사람이 혹 그것을 만나면 고독함 중의 고독함이다. 이
주인은 부부 사이는 어그러지고 재물이 흩어지고 사람도 떠나며
친속은 죽어 없어지고 시대와도 서로 어긋난다.

常以寅卯辰居午, 巳午未在酉, 申酉戌逢子, 亥子丑臨卯,
此是孤神也. 辰戌丑未, 寡宿亦然.

항상 寅・卯・辰이 午에 거하고, 巳・午・未가 酉에 있으며, 申・
酉・戌이 子에서 만나고, 亥・子・丑이 卯에 임하면, 이것이 孤神이다.
辰・戌・丑・未가 寡宿이 되는 것 역시 그러하다.

以寅申巳亥, 爲天地之四角, 蓋隔此四位, 孤神也.

寅·申·巳·亥로 天地의 네 모퉁이로 삼으니, 대개 이 四位를
隔하면 孤神이다.

---

58. 須要明其神煞, 輕重較量. 身剋煞而尚輕, 煞剋身而尤重.

반드시 그 신살을 분명히 알고서 輕重을 헤아려야 한다. 身이
煞을 극하면 오히려 가볍지만, 煞이 身을 극하면 더욱 무겁다.

曇瑩曰: 吉凶神煞, 百有餘年, 或得於日時之間, 或逢於歲
運之內, 但以煞剋身而重, 身剋煞而輕. 更要隨器審詳, 臨機
消息.

담영은 말한다.

좋고 나쁜 신살이 일 년에 백 개 넘게 있어서, 혹은 日·時 사
이에서 얻고 혹은 세운 안에서 만나지만, 다만 煞이 身을 극하면
무겁고 身이 煞을 극하면 가볍다 한다. 다시 사람의 그릇대로 자
세히 살펴 그 때에 맞게 消息해야 한다.

> 59. 至於循環八卦, 因河洛之遺文. 略之定爲一端, 究之翻
>   成萬緖.
>
> 순환하는 八卦에 이르러서는 河圖와 洛書의 남겨진 그림에 기
> 인한다. 그것은 요약하면 하나의 단서로 정해지지만, 궁구하면
> 만 가지 실마리를 이룬다.

曇瑩曰: "易有太極, 是生兩儀, 兩儀生四象, 四象生八卦."[162]
河出八卦之圖, 洛出五行之書, 然後聖人以著龜之象數, 信乎
其不疑矣.

담영은 말한다.

"易에는 太極이 있어 이것이 兩儀를 生하고, 兩儀는 四象을 生하
고, 四象은 八卦를 生한다"고 하였다. 黃河에서 八卦의 圖가 나오
고 洛水에서 五行의 書가 나온 후, 聖人이 시초[筮竹]와 거북으로
점치는 象數를 만들었으니, 참으로 의심할 것이 없다.

於是作『易』而明吉凶, 以斷天下之疑, 以定天下之業. 故
曰 "剛柔相摩, 八卦相盪",[163] 終成萬緖, 始出一端.

---

162) 太極是生兩儀 兩儀生四象 四象生八卦 八卦以定吉凶也: 『周易』「繫辭上傳」十一章에 보인다.
163) 剛柔相摩八卦相盪: 『周易』「繫辭上傳」一章에 보인다.

이에 『易』을 지어 吉凶을 분명히 함으로써 천하의 의심을 끊고 천하의 業을 정하였다. 그러므로 "剛柔는 서로 갈마들고 八卦는 서로 움직인다" 하였으니, 끝에는 만 가지 실마리를 이루지만 시작은 한 가닥 단서에서 나온다.

---

60. 若値攀鞍踐祿, 逢之則佩印乘軒.

만약 攀鞍하고 祿을 밟음을 보면, 이것을 만나면 인수를 차고 수레에 오른다.

曇瑩曰: 攀鞍有位與天元帶合者, 人得之貴也. 須要加臨吉將, 身運資生, 更於旺相之宮, 始可言其福矣.

담영은 말한다.

攀鞍은 자리가 있으면서 天元과 합치된 것이니, 사람이 그것을 얻어 귀하게 된다. 반드시 吉將이 더하여 臨하고 身運이 도와주며, 그 위에 旺相한 宮에 들어가야 비로소 福이라 말할 수 있다.

---

61. 馬劣財微, 遇之則流而不返.

馬가 졸렬하고 재물이 미약하면, 이것을 만나면 떠돌아다니다가 되돌아오지 못한다.

曇瑩曰: 驛馬微劣, 財命休囚, 則塗炭辛勤, 終無成立. 此以四柱臨之, 可定飄蕩無歸.

담영은 말한다.

驛馬가 미약하고 졸렬하며 財命이 休囚하면, 塗炭에 빠져 고생하며 끝내 이루어 놓음이 없다. 이것을 四柱에 적용해 보면, 정처 없이 떠돌며 돌아갈 곳이 없다고 정할 수 있다.

---

62. 占除望拜, 甲午以四八爲期; 口舌文書, 己亥愼三十有二.

관직에 제수되어 멀리서 절하니, 甲午人은 48(32세)이 시기가 되고, 文書 때문에 口舌에 오르니, 己亥人은 32에 조심해야 한다.

王廷光曰: 『玉冊』曰: "天數得平, 地數得終, 天地合得中. 運之凶吉, 五行之數有太過不及, 皆非吉兆."

왕정광이 말하였다.

『옥책』에 이르길, "하늘의 數로 '平'을 얻고, 땅의 數로 '終'을 얻으며, 天地를 합하여 '中'을 얻는다. 運의 吉凶은, 五行의 數에 지나치거나 모자람이 있으면 모두 길한 조짐이 아니다"라고 하였다.

此篇論以行年大小運, 由之於數而已. 數有奇偶之變, 吉凶自此以生也.

이 篇에서는 行年의 大·小運이 數에서 말미암을 뿐임을 논하였다. 數에는 奇數와 偶數의 변화가 있어 吉凶이 이로부터 생겨난다.

所謂 "甲午以四八爲期"者, 四八三十二歲, 是年也太歲乙丑, 小運丁酉. 乙丑乃金人五行正印, 蓋遇天乙貴神, 丁酉是甲人天官暗印之鄉, 而運與歲之合旺氣. 故有 "占除望拜"之兆也.

이른바 "甲午人은 48이 좋은 시기"라는 말을 보자면, 48은 32세이니 이해는 태세가 乙丑이고 소운이 丁酉이다. 乙丑은 金人(甲午)의 五行正印이니 대개 天乙貴神을 만난 것이고, 丁酉는 甲人의 天官·暗印 鄉이어서, 소운과 태세가 旺氣와 합치된다. 그래서 "관직에 제수되어 멀리서 절하는" 吉한 조짐이 있는 것이다.

"己亥愼三十有二"者, 以是年太歲庚午, 小運丁酉, 木至午死酉絶, 亥午酉會, 命之自刑. 己爲歙口, 丁爲吹舌, 方刑爲文字. 故曰 "口舌文書, 己亥愼三十有二."

"己亥人은 32에 조심해야 한다"는 말을 보자면, 이해의 태세가 庚午이고 소운이 丁酉인데, 木은 午에서 死하고 酉에서 絶하며 亥·午·酉가 모인 것은 命의 自刑이다. 己는 歙口가 되고丁은 吹舌이 되며 方刑은 文字가 된다. 그래서 "文書 때문에 口舌에 오르니, 己亥人은 32에 조심해야 한다"고 한 것이다.

李仝曰: 此擧甲午人一例, 欲使後人用遊年太歲求其災福.

이동이 말하였다.

여기서는 甲午人 한 예를 들어, 後人들로 하여금 遊年 太歲를 사용하여 그 災福을 구제하도록 하고자 하였다.

"四八"者三十二歲也, "甲午"人及"己亥"木爲命宅. 三十二歲[164]逢乙丑年, 驛馬入宅, 故有"占除望拜"之期也.

"48"은 32세이고, "갑오"인과 "기해"인은 木이 命宅이다. 32세에 乙丑年을 만나면 驛馬가 명택에 들어가므로, 그래서 "관직에 제수되어 멀리서 절하는" 시기가 있는 것이다.

又太歲乙丑金, 上中下金剋己亥木之宅, 仍用客太陰入宅. 故亦有 "口舌文書"之災, 須以貴賤言之也.

또 태세가 乙丑 金이어서, 上·中·下의 金이 己亥 木의 宅을 剋하고서 그대로 客인 太陰을 써서 宅에 들어간다. 그래서 또 "문서 때문에 구설에 오르는" 재앙이 있는 것이니, 모름지기 貴賤으로 말해야 한다.

---

164) 歲: 『신조주소낙록자삼명소식부』에는 "穀"이라 하였다.

曇瑩曰: 甲午生人三十二上, 小運丁酉, 金家旺鄉; 乙丑太歲, 本音正庫. 又逢驛馬入宅, 天乙加臨, 故有 "占除望拜"之喜.

담영은 말한다.

甲午 生인 사람은 32세 때에, 소운이 丁酉로 金의 旺鄉이고, 태세가 乙丑으로 本音이 正庫이다. 또 驛馬가 명택에 들어오고 天乙이 더하여 臨함을 만나니, 그래서 "관직에 제수되어 멀리서 절하는" 기쁨이 있다.

己亥生三十二, 小運丁酉在吊客, 太歲庚午在死鄉, 仍爲六厄之宮, 三元受剋. 故有 "口舌文書"之患.

己亥生은 32세 때, 소운이 丁酉로 吊客에 있고 태세 庚午로 死鄉에 있어서, 곧이어 六厄의 宮이 되어 三元이 剋을 받는다. 그래서 "문서 때문에 구설에 오르는" 걱정이 있다.

自"行來出入" 至"夾煞持丘", 此一節文, 亦備陰陽地理·三元九宮之例. 用遊年太歲, 求其災福. 非盡三命之理, 不更備述. 又以歲運交宮, 當須意會.

"行來出入"부터 "夾煞持丘"까지 이 한 節에서 또한 陰陽地理와 三元九宮에 대한 例들이 갖추어졌다. 遊年 太歲를 사용하여 그 災福을 구제하는 것은 三命의 이치를 다한 것이 아니므로 더 이상

서술하지 않는다. 또 歲運으로 交宮하기도 하니, 반드시 알아 두어야 한다.

---

63. 善惡相伴, 搖動遷移.

善과 惡은 서로 짝하니 요동하면서 옮겨 간다.

曇瑩曰: 如上 "占除望拜" · "口舌文書", 禍福交攻, 吉凶相伴, 有不用遷變而興. 故云 "善惡相伴, 搖動遷移", 則 "吉凶悔吝, 生乎動者也."[165]

담영은 말한다.

위에서 말한 "관직에 제수되어 멀리서 절하는" 것과 "文書 때문에 口舌에 오르는" 것은 禍福이 서로 다투고 吉凶이 서로 짝하는 데 있어서 그 옮겨 가며 변함을 쓰지 않았기 때문에 일어난다. 그래서 "善과 惡은 서로 짝하니 요동하면서 옮겨 간다"고 한 것이니, "길흉과 후회는 움직이는 데서 생겨나는 것"이다.

---

64. 夾煞持丘, 親姻哭送.

煞이 끼고 丘가 있으면, 친척을 곡하면서 보낸다.

---

165) 吉凶悔吝, 生乎動者也: 『周易』 「繫辭下傳」 一章에 보인다.

曇瑩曰: 辰戌丑未謂之四大煞, 亦云三丘之地, 各以五行入墓.

담영은 말한다.

辰·戌·丑·未를 四大煞이라 하고 또 三丘之地라 하니, 각기 五行으로 墓에 들어간다.

假令己巳木命, 得乙未日生, 此是本家三丘, 又以加臨羊刃.
故曰 "夾煞持丘", 厄疑者甚.

가령 己巳 木命이 乙未日 生이면, 이것은 본가 三邱인데 또 羊刃이 더하여 임하였다. 그래서 "煞이 끼고 邱가 있다"고 하니, 액이 의심이 심하다.

---

65. 兼須詳其操執. 觀其秉持. 厚薄論其骨狀, 成器藉於心源.

겸하여 지키고 있는 마음을 살피고, 견지하고 있는 행동을 관찰해야 한다. 命의 厚薄은 그 骨狀으로 논하고, 成器가 되고 못 되고는 그 心源에 달려 있다.

曇瑩曰: "秉持"·"操執", 觀人所爲也; "骨狀"·"心源", 定人厚薄也. 然以五行論命, 亦須藉於德行, 由是 "視其所以, 觀其所由, 察其所安, 人焉廋哉."166)

담영은 말한다.

"견지함"과 "지킴"은 사람의 행동을 보는 것이고, "骨狀"과 "心源"은 사람의 厚薄을 정하는 것이다. 하지만 五行으로 命을 논할 때도 역시 덕행에 의지해야 하니, 이 때문에 (孔子가) "그 사람의 행동을 보고, 그 동기를 관찰하며, 그 편안해하는 바를 살피면, 사람이 어찌 숨기겠는가"라고 하였다.

故術云, "有心無相, 相逐心生; 有相無心, 心隨相滅."

그러므로 術에서 이르길, "마음은 있으나 相은 없으니 相은 마음 따라 생겨나고, 相은 있으나 마음은 없으니 마음은 相을 따라 없어진다"고 하였다.

---

66. 木氣盛而仁昌, 庚辛虧而義寡.

木의 氣가 성하면 仁이 昌盛하고, 庚과 辛이 이지러지면 義가 부족하다.

曇瑩曰: 此以五行配於五常, 定人之器重也.

담영은 말한다.

---

166) 人焉廋哉: 『論語』「爲政」편에 보인다.

여기서는 五行을 五常에 배당하여 사람의 그릇의 무게를 정하였다.

甲乙木主仁, 丙丁火主禮, 戊己土主信, 庚辛金主義, 壬癸水主智.

甲·乙 木은 仁을 주장하고 丙·丁 火는 禮를 주장하고 戊·己 土는 信을 주장하고 庚·辛 金은 義를 주장하며 壬·癸 水는 智를 주장한다.

木盛則仁昌, 金虧則義寡, 餘皆象事知器, 占事知來.

木이 많으면 仁이 昌盛하고 金이 이지러지면 義가 부족하니, 나머지는 모두 象으로 사람의 그릇을 알고 占으로 미래를 알게 된다.

---

67. 惡耀加而有喜, 宜其大器.[167]

惡耀가 가해졌지만 기쁨이 있으면 반드시 大器이기 때문이다.

曇瑩曰: 修之於身, 其德乃眞, 故曰 "忠孝仁義, 德之順也."[168]

---

167) 惡耀加而有喜 宜其大器: 『신조주소낙록자삼명소식부』에서 李소은 "器識遠沃之无, 必積善積德. 設使惡曜加臨, 或有喜者, 如景公發善言熒, 或退三舍也"라 注하였다.

168) 忠孝仁義, 德之順也: 北齊시대의 文人 劉晝의 글에 "忠孝仁義, 德之順也; 悖傲無禮, 德之逆也. 順者福之門, 逆者禍之府."가 있다.

雖臨諸煞, 反爲權星.

담영은 말한다.

몸으로 닦아야 그 德이 진실되므로 "忠과 孝와 仁과 義는 德을 따른 것이다"라고 하였다. 비록 여러 煞이 臨해도 도리어 權星이 된다.

---

68. 福星臨而禍發, 以表凶人.

福星이 임해도 禍가 발생하면, 흉인임을 표시한다.

曇瑩曰: 富貴而驕, 自貽其咎, 故曰 "悖傲無禮, 德之逆也."

담영은 말한다.

富貴하고 교만하면 스스로 허물을 끼치므로, "오만하고 무례함은 德을 거스른 것이다"라고 하였다.

善不失善報, 而惡自招殃. 此珞琭子深戒之也.

善은 善에 대한 보답을 잃지 않지만, 惡은 스스로 재앙을 초래한다. 이것이 낙록자가 깊이 경계하는 것이다.

> 69. 處定求動, 尅未盡而難遷.

고요한 곳에 있으면서 움직임을 구하면, 尅이 아직 진행되지 않아 옮아가기 어렵다.

曇瑩曰: 君子居則觀其象而玩其辭, 動則觀其變而玩其占. 是以自天祐之, 吉無不利.[169]

담영은 말한다.

君子는 居하면 象을 보고 辭를 玩味하며, 動하면 변화를 보고 占을 玩味한다. 이 때문에 하늘이 도우니, 吉하여 이롭지 않음이 없다.

> 70. 居安問危, 可凶中而卜吉.

편안함에 거하면서 위험을 물으면, 凶에서도 吉을 점칠 수 있다.

曇瑩曰: 且吉凶禍福之興也. 非聖人孰能知之於未有之前哉? 若能趨吉而背凶, 此居安慮危之道也.

담영은 말한다.

또 吉凶 禍福이 일어나는 것을 聖人이 아니면 누가 아직 있기도

---

169) 君子居則觀其象而玩其辭 動則觀其變而玩其占. 是以自天祐之吉無不利:『周易』「繫辭上傳」二章에 보인다.

전에 미리 알 수 있겠는가? 만약 吉을 따르고 凶을 등질 수 있다면, 이것이 편안함에 거하면서 위험을 염려하는 道이다.

---

71. 貴而忘賤, 災自奢生; 迷而不返, 禍從惑起.

貴하여 賤함을 잊어버리면 재앙은 사치에서 생겨나고, 미혹하면서 되돌아오지 않으면 禍가 미혹함을 좇아 일어난다.

曇瑩曰: 貴必以賤爲本, 高必以下爲基. 有附勢而叨功, 因賤而竊祿, 殊不知 "禍兮福所倚, 福兮禍所伏",[170] 是故鬼神嫉之, 困於不道.

담영은 말한다.

貴는 반드시 賤을 근본으로 하고, 高는 반드시 下를 기본으로 한다. 권세에 빌붙어 공로를 탐하거나 천한 까닭에 祿을 훔치는 자가 있는데, 이는 "禍가 福에 기대어 있고, 福이 禍에 엎드려 있음"을 전혀 알지 못하는 것이다. 그러므로 鬼神이 미워하여 道가 아닌 데서 곤란을 당한다.

---

170) 禍兮福所倚, 福兮禍所伏: 『老子』 五十八章에 보인다.

> 72. 殊常易舊, 變處爲萌. 福善禍淫, 吉凶異兆.
>
> 常道를 달리하고 옛것을 바꾸니 변한 곳에서 싹이 튼다. 善한
> 자에게는 福을 주고 음흉한 자에게는 禍를 내리니, 吉과 凶은
> 조짐을 달리한다.

曇瑩曰: 有變動, 然後吉凶生焉. 故曰: "吉凶悔吝, 生乎動
者也." 又曰: "吉凶者, 失得之象也."171)

담영은 말한다.

변하여 움직임이 있고 난 후에 吉凶이 생겨난다. 그러므로 "길
흉과 후회는 움직이는 데서 생겨나는 것이다"라고 하였고, 또
"吉凶은 得失의 象이다"라고 하였다.

"積善之家, 必有餘慶; 積不善之家 必有餘殃",172) 『易』之
戒也.

"善을 쌓는 집안에는 반드시 남은 경사가 있고, 善하지 않은 집
안에는 반드시 남은 재앙이 있다" 하였으니, 『易』에서 경계한 것
이다.

---

171) 吉凶者, 失得之象也: 『周易』「繫辭下傳」 二章에 보인다.

172) 積善之家, 必有餘慶, 積不善之家, 必有餘殃.: 『周易』「坤卦·文言傳」에 보인다.

73. 至於公明·季主, 尚無變識之文; 景純·仲舒, 不載比
形之妙.

管公明과 司馬季主에 이르러서도 아직 변화에 대해 기록한 글
이 없었고, 郭景純과 董仲舒도 比形의 묘함을 싣지 않았다.

曇瑩曰: 管輅公明·司馬季主·郭景純·董仲舒, 此四賢
者, 探天人之蹟, 原性命之理, 窮陰陽象數, 知來物吉凶, "尚
無變識之文", "不載比形之妙". 言造物深奧, 不易度量.

담영은 말한다.

公明 管輅(三國 시기 曹魏의 術士. 公明은 그의 字), 司馬季主(漢나
라 때 楚國의 占術家), 景純 郭璞(東晉의 학자이자 문학가. 도교와
술수에도 밝았다. 景純은 그의 字), 董仲舒(漢나라의 사상가, 철학
가, 정치가), 이 네 賢者는 하늘과 사람의 심오한 이치를 탐색하
고 性命의 이치의 근원을 파헤치며, 陰陽 象數를 窮究하고 미래 일
의 吉凶을 알았지만, "아직 변화에 대해 기록한 글이 없었고 比形
의 묘함을 싣지 않았다." 조물주의 심오한 뜻은 헤아리기 쉽지
않음을 말한 것이다.

74. 詳其往聖, 鑑以前賢, 或指事以陳謀, 或約文而切理,
　　多或少剩, 二義難精.

옛 성현(의 말씀)을 상세히 살피고 이전의 현인을 거울삼아,
혹 일을 가리켜 생각을 말하고 혹 문장을 축약해 이치에 절실
케 했는데, 모자라거나 지나침이 많으니 음양의 의미는 정밀
하기가 어렵다.

曇瑩曰: 凡論五行, 離道者非也, 離世法者非也, 離人物者
亦非也. "或約文而切理", "或指事以陳謀", 於中神煞交參,
吉凶互體. 是知五行通道, 致物難窮, 流布其間, 豈云小補哉!

담영은 말한다.

무릇 五行을 논할 때, 道를 떠나는 것은 잘못이고, 세상의 법에
서 떠나는 것은 잘못이며, 人物을 떠나는 것 또한 잘못이다. (낙
록자는) "혹 문장을 축약해 이치에 절실케 하고 혹 일을 가리켜
생각을 말하였는데", 그 가운데 神煞이 교차하여 들어가고 吉凶
이 서로 體가 되었다. 이로써 五行은 보편적인 道이고 만물의 이
치는 끝까지 궁구하기 어려움을 알겠으니, (오행의 도를) 만물
사이에 유포시킨 것이 어찌 보탬이 적다 하겠는가.

75. 今者參詳得失, 補綴遺蹤, 窺爲心鑑, 永掛淸臺, 引例
    終編, 千希得一.

이제 득실을 견주어 살피고 남겨진 발자취를 보충하여, 좁은
소견을 마음의 거울로 삼아 영원히 淸臺(古代의 천문대 이름)
에 걸어 두고 예들을 인용하며 이 책을 마치니, 천 가지 중에
하나라도 얻기를 바란다.

낙
록
자
부
주 洛
　 祿
　 子
　 賦
　 註

초판인쇄　2016년 2월 19일
초판발행　2016년 2월 19일

편역자　문종란
펴낸이　채종준
펴낸곳　한국학술정보㈜
주소　경기도 파주시 회동길 230(문발동)
전화　031) 908-3181(대표)
팩스　031) 908-3189
홈페이지　http://ebook.kstudy.com
전자우편　출판사업부　publish@kstudy.com
등록　제일산-115호(2000. 6. 19)

ISBN　978-89-268-7200-0　93150